JENS H. ALBRECHT · DAGMAR SANDNER

# MIETERSCHUTZ BEI KÜNDIGUNG

D1699502

JENS H. ALBRECHT · DAGMAR SANDNER

# MIETERSCHUTZ BEI KÜNDIGUNG

## Fristen – Formen – Rechtlich einwandfrei

WALHALLA

REGENSBURG · BONN

## Die Deutsche Bibliothek – CIP-Einheitsaufnahme

**Albrecht, Jens H.:**
Mieterschutz bei Kündigung : Fristen – Formen – Rechtlich einwandfrei /
Jens H. Albrecht ; Dagmar Sandner. – 2. Aufl. – Regensburg ; Bonn : Walhalla, 1996
  ISBN 3-8029-3700-7
NE: Sandner, Dagmar:

Zitiervorschlag:
**J. H. Albrecht/D. Sandner,** Mieterschutz bei Kündigung,
Regensburg, Bonn 1996

**Hinweis:** Unsere Ratgeber sind stets bemüht, Sie nach bestem Wissen zu informieren.
Die vorliegende Ausgabe beruht auf dem Stand von September 1996. Verbindliche Rechts-
auskünfte holen Sie gegebenenfalls bei Ihrem Rechtsanwalt ein.

2. Auflage

© Walhalla u. Praetoria Verlag GmbH & Co. KG, Regensburg/Bonn
  Produktion: Walhalla Fachverlag, 93042 Regensburg
  Printed in Germany
  ISBN 3-8029-3700-7

Nutzen Sie das Inhaltsmenü:
Die Schnellübersicht führt Sie zu Ihrem Thema.
Die Kapitelüberschriften führen Sie zur Lösung.

**Schnellübersicht**

**Schnellübersicht**

# Vorwort

Die Wohnung ist für jedermann in der Regel der zentrale Lebensmittelpunkt. Bei einem Mietvertrag wird daher ein besonderes Vertrauensverhältnis zwischen Vermieter und Mieter vorauszusetzen·sein. Immer wieder kann es jedoch – wegen kleineren oder größeren Problemen – zu Reibereien zwischen den Parteien kommen. Spätestens im Fall des Zuganges einer unerwarteten Kündigung stellt sich für den Mieter daher die Frage, ob diese überhaupt zu Recht erfolgte. Die Gesetzeslage und die Rechtsprechung ist in zunehmendem Maße mieterorientiert und so ist es nicht verwunderlich, daß so manche ausgesprochene Kündigung einer rechtlichen Prüfung nicht Stand hält, da die erforderlichen Voraussetzungen nicht eingehalten wurden. In diesen Fällen gibt es immer wieder Ansatzpunkte für den Mieter, um zu gewährleisten, daß er die angemietete Wohnung noch nicht aufgeben muß.

Der Ratgeber befaßt sich überwiegend mit den gesetzlichen Kündigungsgründen und den einzuhaltenden Formalien, welche im Zusammenhang mit dem Ausspruch einer Kündigung zu beachten sind. Es wird insbesondere auf die Kündigungsmöglichkeiten des Mieters – insbesondere die Gründe zur fristlosen Kündigung – eingegangen, da die Möglichkeit der sofortigen Beendigung des Vertragsverhältnisses seitens des Mieters für diesen häufig auch eine Art des Kündigungsschutzes sein kann, da er auf diese Weise eine an sich einzuhaltende Kündigungsfrist umgehen kann.

*Jens H. Albrecht* und *Dagmar Sandner*

# Abkürzungen

| | |
|---|---|
| AG | Amtsgericht |
| AGB | Allgemeine Geschäftsbedingungen |
| AGBG | Gesetz zur Regelung des Rechts der Allgemeinen Geschäftsbedingungen |
| Art. | Artikel |
| Az. | Aktenzeichen |
| | |
| BAnz. | Bundesanzeiger |
| BayObLG | Bayerisches Oberstes Landesgericht |
| BGB | Bürgerliches Gesetzbuch |
| BGH | Bundesgerichtshof |
| BGHZ | Entscheidungen des Bundesgerichtshofs in Zivilsachen (Zeitschrift) |
| BMJ | Bundesministerium für Justiz |
| BVerfG | Bundesverfassungsgericht |
| | |
| DWW | Deutsche Wohnungswirtschaft (Zeitschrift) |
| | |
| EGBGB | Einführungsgesetz zum Bürgerlichen Gesetzbuch |
| | |
| ff. | folgende |
| | |
| GmbH | Gesellschaft mit beschränkter Haftung |
| | |
| KG | Kammergericht (Berlin) |
| | |
| LG | Landgericht |
| | |
| MDR | Monatsschrift für Dt. Recht (Zeitschrift) |
| MHG | Gesetz zur Regelung der Miethöhe (Miethöhegesetz) |
| | |
| NJW | Neue Juristische Wochenschrift (Zeitschrift) |
| NJW-RR | NJW-Rechtsprechungsreport (Zeitschrift) |
| | |
| OLG | Oberlandesgericht |
| | |
| RE | Rechtsentscheid |
| RGZ | Reichsgerichtsentscheidungen in Zivilsachen |
| | |
| WEG | Wohnungseigentumsgesetz |
| WPM | Wertpapier-Mitteilungen (Zeitschrift) |
| WuM | Wohnungswirtschaft und Mietrecht (Zeitschrift) |
| | |
| ZMR | Zeitschrift für Miet- und Raumrecht |
| ZPO | Zivilprozeßordnung |
| ZVG | Zwangsversteigerungsgesetz |

# Ordentliche Kündigung

**1**

# Ende des Mietverhältnisses

Wenn Sie mit Ihrem Vermieter einen Mietvertrag schließen, verpflichten Sie sich an ihn den vereinbarten Mietzins zu entrichten, während dieser die Verpflichtung übernimmt, Ihnen während der Mietzeit den ordnungsgemäßen Gebrauch der gemieteten Sache zu gewähren (§ 535 BGB). Wird nichts anderes vereinbart, ist davon auszugehen, daß ein Mietverhältnis auf unbestimmte Zeit geschlossen wurde. So weit, so gut, aber wie verhält es sich mit der Beendigung eines derartigen Mietverhältnisses?

Das Ende eine Mietverhältnisses ist in §§ 564 ff. BGB gesetzlich geregelt. Auch in diesem Zusammenhang wird grundsätzlich unterschieden zwischen einem befristeten Mietvertrag, bei dem zwischen Mieter und Vermieter nur eine bestimmte Mietzeit (z. B. drei, vier oder fünf Jahre) vertraglich vereinbart wurde, und einem unbefristeten Mietvertrag, bei dem die Mietzeit offen gelassen wurde. Im letzteren Fall liegt ein Mietverhältnis auf unbestimmte Zeit vor.

Die Beendigung eines **befristeten Mietverhältnisses** bedarf grundsätzlich keiner gesonderten Kündigung, denn es endet mit dem Ablauf der Zeit, für den es eingegangen wurde (§ 564 Absatz 1 BGB). Es genügt eine Beendigungserklärung, worin auf die getroffene **Befristungsvereinbarung** Bezug genommen wird. Im Rahmen eines Mietverhältnisses über Wohnraum gelten jedoch Sonderregelungen, z. B. §§ 564 c, 565 a BGB. Auf diese Bestimmungen ist an gegebener Stelle gesondert einzugehen.

Nach § 564 Absatz 2 BGB kann ein unbefristetes Mietverhältnis eigentlich durch Kündigung von beiden Vertragsparteien unter Einhaltung der gesetzlichen Kündigungsfristen (§ 565 BGB) beendet werden. Die ist die übliche Vorgehensweise. Die Kündigung kann seitens des Vermieters oder des Mieters erfolgen. Es ist jedoch weitgehend unbekannt, daß für Vermieter und Mieter unterschiedliche Anforderungen an die Begründung einer Kündigung und deren formgerechte Erklärung gestellt werden. Es ist daher deutlich zu unterscheiden, ob die Kündigung seitens des Vermieters oder des Mieters erklärt wird, da sich hieran die einzuhaltenden Formalien orientieren und es in den meisten Fällen nicht nur um die Einhaltung der Kündigungsfrist geht, wenngleich schon dieser Punkt häufig zum Problem wird.

Darüber hinaus besteht aber auch die Möglichkeit, daß die Parteien eine einvernehmliche Vereinbarung treffen, d. h. einen sogenannten Aufhebungsvertrag schließen. Hierdurch wird üblicherweise das Mietverhältnis ohne Kündigung oder vor Ablauf der vereinbarten Vertragsdauer einvernehmlich beendet.


# Ordentliche Kündigung

Regelmäßig ist die vom Vermieter ausgesprochene Kündigung für Sie als Mieter von ausschlaggebender Bedeutung, denn durch sie verlieren Sie eventuell Ihre Existenzgrundlage bzw. den zentralen Lebensmittelpunkt und geraten möglicherweise in eine finanzielle Notlage. Dies zumindest dann, wenn Sie z. B. eine teurere Ersatzwohnung anmieten müssen, weil es Ihnen aus Zeitmangel oder Wohnungsknappheit nicht möglich war, den Wohnungsmarkt eine längere Zeit zu beobachten und eine Wohnung zu finden, die Ihren finanziellen Möglichkeiten entspricht.

Aus diesem Grunde ist es für Sie besonders wichtig, darüber informiert zu sein, welche Anforderungen an eine seitens des

Vermieters ausgesprochene Kündigung zu stellen sind und, ob diese auch bis auf das Kleinste eingehalten wurden. Schon vorab kann man sagen, daß sowohl die Gesetzeslage als auch die Rechtsprechung durchwegs vermieterfeindlich sind und der Mieter gute Aussicht auf einen durchgreifenden Kündigungsschutz hat, wenn es an einer – wenn auch noch so kleinen – Formalie in diesem Zusammenhang mangelt.

# Der Begriff „Kündigung" und die einzelnen Kündigungsmöglichkeiten

Die Kündigung ist eine sogenannte einseitige, empfangsbedürftige Willenserklärung, die mit Zugang bei dem Kündigungsempfänger wirksam wird. In diesem Zusammenhang ist auf einzelne Begriffe näher einzugehen, um Ihnen die rechtliche Wirkung einer Kündigungserklärung zu verdeutlichen. Man unterscheidet grundsätzlich zwischen einer ordentlichen und einer außerordentlichen Kündigung.

Von einer **außerordentlichen Kündigung** spricht man, wenn sie fristlos ausgesprochen ist, denn durch sie endet das Mietverhältnis sofort. An eine fristlose Kündigung sind besonders strenge Anforderungen zu stellen, da sie das Mietverhältnis mit unmittelbarer Wirkung beendet. Dem Mieter steht in einem solchen Fall keine Räumungsfrist zu, die Wohnung ist sofort an den Vermieter herauszugeben.

Enthält das Kündigungsschreiben einen späteren, dem Gesetz (vgl. § 565 BGB) oder dem Vertrag entsprechenden Zeitpunkt, zu dem gekündigt wurde, so liegt eine **ordentliche** Kündigung vor. Sie ist sozusagen befristet, weil zwischen der Kündigungserklärung und der tatsächlichen Beendigung des Mietverhältnisses ein Kündigungszeitraum liegt, der einer bestimmten Frist – meist der gesetzlichen – entsprechen muß. In diesem Fall hat man als Mieter in der Regel genügend Zeit, um sich auf die geänderten Bedingungen einzustellen und sich um eine andere Wohnung zu kümmern.

Schließlich gibt es noch die sogenannte **außerordentliche, aber befristete** Kündigung, welche sowohl den Vermieter als auch den Mieter in die Lage versetzt, unter bestimmten Voraussetzungen das Mietverhältnis unabhängig von der vertraglichen Vereinbarung vorzeitig zu beenden, wenn die Kündigungsfrist von drei Monaten beachtet wird.

# Welche Formerfordernisse zu beachten sind

Formerfordernisse an die Kündigung sind nicht nur in den alten, sondern auch in den neuen Bundesländern zu beachten. Sowohl Mieter als auch Vermieter haben sich hieran zu halten, um die Wirksamkeit der Kündigungserklärung zu erreichen. Nach dem BGB und der geltenden Rechtsprechung müssen zumindest die nachfolgend genannten Voraussetzungen beachtet werden:

### Das Schriftformerfordernis

Die Kündigung eines Mietvertrages über Wohnraum bedarf in jedem Fall der schriftlichen Form (§ 564 a Absatz 1 BGB). Dem Erfordernis der Schriftform ist Genüge getan, wenn der Kündigende die Kündigung **eigenhändig durch Namensunterschrift unterzeichnet** (§ 126 Absatz 1 BGB). Nicht erforderlich ist, daß der Text eigenhändig geschrieben ist. Man kann ihn sich also auch schreiben lassen oder eine Schreibmaschine oder ähnliches verwenden.

Beim **Unterschreiben** ist dies anders. Verwendet der Unterzeichnende nämlich nur seine **Initialen**, ist eine notarielle Beglaubigung dieses Handzeichens nötig (§ 126 Absatz 1 BGB). Dies ist jedoch nicht mit dem Fall zu verwechseln, in dem der Unterzeichnende lediglich eine **unleserliche Unterschrift** hat.

Diese gesetzliche Formvorschrift ist nicht abdingbar, also sowohl **für den Vermieter als auch für den Mieter zwingend**. Dies hat zur Folge, daß eine eventuelle Vereinbarung zwischen Mieter und Vermieter, daß eine mündlich zu Protokoll gegebene Kündigungserklärung ausreichen würde, formnichtig ist (vgl. AG Münster WuM 1987, Seite 273; AG Braunschweig WuM 1990, Seite 153). Liegt also keine schriftliche Erklärung in Form einer Kündigung vor, ist das Mietverhältnis weiterhin als bestehend zu betrachten.

Eine mündliche Kündigung ist nur in Ausnahmefällen wirksam, so z. B. wenn der Wohnraum nur zum vorübergehenden Gebrauch vermietet ist oder nur ein möbliertes Zimmer vermietet wird, das Teil der Wohnung des Vermieters ist (§ 564 a Absatz 3, § 564 b Absatz 7 Nr. 1 und Nr. 2 BGB).

Das handschriftliche Unterzeichnen heißt aber auch, daß im Falle von mehreren Personen auf der Mieter- bzw. Vermieterseite, jeweils alle Beteiligten persönlich die Kündigung zu unterschreiben haben. Sind also an mehrere Personen auf der Gegenseite Kündigungen zu verschicken, muß jede der Kündigungen mit einer Originalunterschrift versehen sein. Gleiches gilt für die wirksame Vertretung bei Erklärung der Kündigung. Vereinbaren die Parteien hingegen eine noch strengere Form, so ist dies unzulässig, da die Vereinbarung dem Sozialcharakter des Wohnmietrechts widerspricht. Dies betrifft z. B. die Vereinbarung, nach der die Kündigung mittels eingeschriebenen Briefes erfolgen muß.

Die Unzulässigkeit wirkt sich insbesondere bei sogenannten **Formular-Mietverträgen** aus. Häufig findet man in solchen Verträgen Klauseln, die gegen zwingende gesetzliche Vorschriften des BGB verstoßen oder dem Gesetz zur Regelung des Rechts der allgemeinen Geschäftsbedingungen (AGBG) widersprechen. Findet man in einem Formular-Mietvertrag eine Klausel, durch die die eine Vertragspartei verpflichtet wird gegenüber der anderen Vertragspartei bzw. deren Vertreter die Kündigung mittels eingeschriebenen Briefes vorzunehmen, ist diese Klausel wegen Verstoßes gegen § 11 Nr. 16 AGBG unwirksam. Auch in diesem Fall besteht der Widerspruch zum Sozialcharakter des Wohnraummietrechts.

### Die Bestimmtheit der Kündigungserklärung

Unter dem Begriff der „Bestimmtheit" der Kündigung versteht man, daß das Kündigungsschreiben so verfaßt sein muß, daß der Empfänger ohne weiteres erkennen kann, daß das Mietverhältnis beendet werden soll. Deshalb muß der Kündigende seinen Willen, das Vertragsverhältnis zu beenden, klar und unmißverständlich zum Ausdruck bringen.

**Praxis-Tip:**

Es ist zwar nicht erforderlich, eine Formulierung zu wählen, in der explizit das Wort „Kündigung" erscheint, z. B. „Hiermit möchte ich mein Mietverhältnis zum 31. Januar 1995 kündigen". Es ist jedoch zu bedenken, daß eine Kündigung nur dann wirksam ist, wenn sie klar und unmißverständlich ist. Es ist daher jedenfalls ratsam, diesen Begriff in irgendeinem Zusammenhang zu erwähnen, um die Kündigungsabsicht zu verdeutlichen und um zu vermeiden, daß die Kündigung unter Umständen nur als Androhung einer solchen oder als Abmahnung verstanden wird.

Im übrigen sollten Sie als Mieter prüfen, ob die Kündigung nicht etwa an weitere Bedingungen geknüpft ist, wie es z. B. in der Formulierung „wenn Sie am Wochenende nicht leiser sind, dann werden Sie zum nächsten Ersten gekündigt" zu sehen ist. Eine bedingte Kündigung ist regelmäßig unzulässig und damit unwirksam, weil dem Empfänger nicht hinreichend deutlich gemacht wird, was das Schreiben eigentlich soll. Geht aus einer vom Vermieter erklärten Kündigung ein solcher mißverständlicher Sachverhalt hervor, können Sie sich als Mieter beruhigt

zurücklehnen und abwarten. Im Falle einer gerichtlichen Auseinandersetzung würde der Vermieter wohl den Kürzeren ziehen, da er seine Absicht nicht unmißverständlich genug zum
Ausdruck gebracht hat.

### Der Zugang der Kündigungserklärung

Ein weiteres Formerfordernis für die Wirksamkeit und Rechtzeitigkeit der Kündigung ist der Zugang der Erklärung gegenüber der anderen Vertragspartei. Die Kündigungserklärung ist
im Rechtssinne dann zugegangen, wenn sie so **in den Herrschaftsbereich des Empfängers** gelangt ist, daß dieser unter
normalen Verhältnissen die Möglichkeit hat, vom Inhalt der Erklärung Kenntnis zu nehmen (BGH NJW 67, Seite 275; NJW
83, Seite 930). Entscheidend für die Rechtzeitigkeit einer Kündigung ist somit nicht die Absendung derselben, sondern der
Zeitpunkt, in dem der Empfänger sie in den Händen hält.

Zum Herrschaftsbereich des Empfängers gehören auch, die von
ihm zur Entgegennahme von Erklärungen bereitgehaltenen Einrichtungen wie **Briefkasten** oder **Postfach**. Wird ein Brief in den
Briefkasten des Empfängers eingeworfen, so ist dieser zugegangen, wenn mit der üblichen Leerung zu rechnen ist. Dies ist regelmäßig am Vormittag der Fall. So geht ein während der Nacht-
zeit eingeworfener Brief erst am nächsten Morgen bzw. mit Beginn der Geschäftszeiten zu (BGH NJW 84, Seite 1651).

**Praxis-Tip:**

Beachten Sie daher, daß es einem in diesem Zusammenhang
teuer zu stehen kommen kann, wenn man bis zum letzten
Tag einer möglichen Frist wartet. Auch bei Postfächern ist
auf den üblichen Abholtermin abzustellen (NJW 86, Seite
996). Bei längerer Abwesenheit sollten die Parteien zur Vermeidung von eventuellen Rechtsnachteilen rechtzeitig einen
Nachsendeantrag stellen. In diesem Fall bewirkt der Empfang am Aufenthaltsort den Zugang.

Im Rahmen des Zuganges muß auch beachtet werden, daß das Mietverhältnis aufgrund seiner **Einheitlichkeit** grundsätzlich auch nur einheitlich beendet werden kann, d. h. bei Personenmehrheiten auf der einen und/oder der anderen Seite des Mietvertrages eine Kündigung **von allen Beteiligten** auf der einen Vertragsseite **an alle Beteiligte** auf der anderen Seite erklärt werden muß (vgl. OLG Frankfurt/Main WuM 1991, Seite 113). Wird dieser Grundsatz verletzt, so ist die Kündigung unwirksam. Dies ist bereits dann der Fall, wenn beispielsweise drei Personen – evtl. als Wohngemeinschaft – Vertragspartner sind, aber nur zwei von Ihnen eine Kündigung zugeht.

Hinzuweisen ist in diesem Zusammenhang darauf, daß die kündigende Partei im Streitfall den **Nachweis** dahingehend zu erbringen hat, daß die Kündigung tatsächlich zugegangen ist. Ihr obliegt die diesbezügliche Beweislast. Hierzu eignet sich zum einen die Versendung der Kündigung per **Einschreiben mit Rückschein**. Dann kann jedenfalls nachgewiesen werden, daß die andere Partei ein Schreiben auch erhalten hat. Um aber zu beweisen, daß es sich hierbei um die gegenständliche Kündigung gehandelt hat, lassen Sie jedoch am besten von einer unbeteiligten Person einen sog. **Kuvertierungsnachweis** ausstellen. Hierzu muß diese Person bestätigen, daß gerade dieses Kündigungsschreiben in seinem Beisein in das Kuvert gelangt ist und bei der Post unter einer bestimmten Einlieferungsnummer (Ebf-Rückschein) abgegeben wurde. Diese Erklärung wird im Zusammenhang mit dem Rückschein den Nachweis erbringen können, daß die Kündigung auch zugegangen ist.

Aber auch die Wahl der Versendung der Kündigungserklärung per „Einschreiben mit Rückschein" kann Probleme aufwerfen, wenn z. B. der Postbote den Empfänger nicht antrifft. Dann wird zwar ein **Benachrichtigungsschein** im Briefkasten hinterlassen und die Briefsendung am Postamt hinterlegt, jedoch wird diese, wenn sie nach sieben Tagen nicht abgeholt wurde, ungeöffnet an den Absender zurückgeschickt. Trifft dies ein, so ist die Kündigung nicht zugegangen, da die Benachrichtigung der Post über die **Niederlegung** nicht ausreicht, sondern nur die Abholung den Zugang bewirkt (vgl. BGHZ 67, Seite 271). Nach den Umständen des Einzelfalles oder entsprechender Vertragslage kann eine Vertragspartei zur Vermeidung der Entstehung von **Zugangshindernissen** sogar verpflichtet sein, ihren **Umzug** der Gegenseite mitzuteilen und sich nicht auf die Einrichtung eines **Nachsendeauftrages** zu beschränken (vgl. OLG Hamburg WuM 1978, Seite 120).

Wollen Sie nun jedoch den sichersten Weg gehen, um zu gewährleisten, daß der Vertragspartner die Kündigung erhält und möchten Sie das Schreiben der anderen Partei auch nicht persönlich „in die Hand drücken", weil Sie keine Person zur Verfügung haben, die als Zeuge fungieren könnte, so wählen Sie am besten den Weg der förmlichen **Zustellung über den Gerichtsvollzieher**. Sollte nämlich auch dieser den Erklärungsempfänger nicht antreffen, so gilt bereits mit der Niederlegung die Kündigung als zugegangen gemäß § 182 ZPO (sog. **Ersatzzustellung**).

### Die Möglichkeit der wirksamen Vertretung

● Grundsätzliches bei Personenmehrheit

Bei Personenmehrheiten auf Vermieter- oder Mieterseite gilt wegen der Einheitlichkeit des Mietverhältnisses der schon erwähnte Grundsatz der Kündigung **„von allen an alle"** (vgl. OLG Frankfurt/Main WuM 1991, Seite 103). Schließt beispielsweise ein Ehepaar gemeinsam einen Mietvertrag (d.h. jeder von ihnen unterschreibt), so muß der Vermieter, wenn er das Mietverhältnis auflösen möchte, auch beiden Ehepartnern kündigen. Ebenso müssen beide Eheleute ihrem Vertragspartner gegenüber die Kündigung erklären. Dies kann zwar durch eine Kündigungserklärung erfolgen, sie muß jedoch von beiden unterzeichnet sein.

Trennt sich nun das Ehepaar und einer von ihnen zieht aus der Wohnung aus, so ändert sich an den bestehenden Mietvertrag auch durch die einseitige Kündigung der ausziehenden Person nichts. Der Auszug eines mitmietenden Ehepartners aus der Mietwohnung rechtfertigt nicht die Annahme, daß der Mietvertrag allein mit dem verbleibenden Ehegatten fortgesetzt wird. Die Kündigung des Vermieters ist daher unwirksam, wenn sie nur an den Wohnungsinhaber gerichtet ist und diesem zugeht (LG Mannheim WuM 94, Seite 538). Er bleibt insgesamt wie ursprünglich abgeschlossen bestehen, und zwar zwischen beiden Eheleuten als Mieter und dem Vermieter. Das Mietverhältnis wird durch die Kündigung eines einzelnen weder insgesamt aufgelöst, noch werden dadurch die mitvertraglichen Beziehungen zwischen dem Kündigenden und dem Kündigungsempfänger aufgelöst. Eine derartige Kündigung bleibt daher wirkungslos (vgl. BGHZ 96, Seite 302), es sei denn, die Parteien vereinbaren übereinstimmend etwas anderes.

**Praxis-Tip:**

Es ist daher die ausziehende Person in einem solchen Fall auch weiterhin verpflichtet, die Miete zu zahlen. Es besteht höchstens die Möglichkeit, daß der Vermieter sein Einverständnis dahin gibt, die ausziehende Person aus ihren mietvertraglichen Verpflichtungen zu entlassen, in dem er den Mietvertrag mit dem verbleibenden Ehepartner allein fortsetzt. Einen diesbezüglichen Rechtsanspruch gibt es aber nicht.

Im allgemeinen wird bei derartigen oder ähnlichen Personenmehrheiten auf Vermieter- oder Mieterseite häufig durch Einschaltung von Vertretern versucht, den genannten Grundsatz **„von allen an alle"** zu umgehen. So bietet es sich z. B. bei einer Wohngemeinschaft an, vertraglich zu vereinbaren, daß die Kündigung gegenüber einem oder auch durch einen Vertreter ausreichend ist, um das Mietverhältnis aufzulösen. Sofern eine derartige vertragliche Vereinbarung getroffen wird, müssen aber bestimmte zusätzliche Voraussetzungen beachtet werden, damit diese nicht dennoch unwirksam ist. Es muß sich nämlich zumindest im wohnraummietrechtlichen Bereich um eine individuelle Vereinbarung der Vertragsparteien handeln, da eine diesbezügliche Formularvertragsklausel – inbesondere bezogen auf die Entgegennahme und Abgabe einer Kündigungserklärung – nicht wirksam wäre (vgl. OLG Celle WuM 1990, Seite 103, 112; OLG Frankfurt/Main WuM 1992, Seite 56, 61). Der Grund dafür ist, daß die Beziehungen innerhalb der Personenmehrheiten auf der Mieterseite in der Regel sehr persönlich geprägt sind und die zukünftigen Beziehungen nicht abzusehen sind.

Sollte es sich hingegen um eine Klausel in einem Mietvertrag über Geschäftsräume handeln, so wird die Verwendung einer derartigen Klausel weitgehend als zulässig angesehen, da sie im Kern den allgemeinen Grundsätzen entspricht, die im Geschäftsverkehr für den Empfang und die Abgabe von Willenserklärungen bei Personenmehrheiten gelten.

●   Zurückweisungsbefugnis

Grundsätzlich bedarf es nicht der schriftlichen Form einer Kündigungsvollmacht. Aus Gründen der Vermeidung von Rechtsnachteilen ist jedoch eine schriftliche **Vollmacht im Original** beizufügen. Dies erfolgt aus dem Grund, daß der Erklärende sich als berechtigter Vertreter gegenüber dem Erklärungsempfänger ausweisen kann. Eine **Kopie der Vollmacht** oder eine Übermittlung der **Vollmachtsurkunde** per Telefax ist für die wirksame Erklärung der diesbezüglichen Vollmacht nicht ausreichend. Zum anderen ist erforderlich, daß der Vertretene **diese Vollmacht eigenhändig unterzeichnet**. Darüber hinaus muß sich der Text der Vollmacht inhaltlich auf die Berechtigung zur Abgabe bzw. Entgegennahme einer Kündigung beziehen. Eine allgemein gehaltene Vollmacht wird vielfach nicht anerkannt.

*Achtung:*

Wird gegenüber einem Vertreter gekündigt, liegt das Risiko des Bestehens einer wirksamen Empfangsvollmacht bei demjenigen, der die Kündigung erklärt.

Liegt der Kündigung nämlich keine Vollmacht im Original bei, die zudem die eben genannten Voraussetzungen erfüllt, so kann der Empfänger sie **unverzüglich** zurückweisen (§ 174 Satz 1 BGB). Unverzüglich heißt in diesem Zusammenhang, **ohne schuldhaftes Zögern** (§ 121 BGB), wobei dem Empfänger regelmäßig etwa ein Zeitraum von zwei bis drei Tagen zugebilligt wird, um währenddessen möglicherweise einen Rechtsanwalt um Rat fragen. Somit besteht zumindest die Möglichkeit, einen bedingten zeitlichen Kündigungsschutz zu erreichen, auch wenn regelmäßig kurze Zeit später eine wirksame Kündigung ausgesprochen werden wird. Im Rahmen der **Zurückweisungserklärung** muß man jedoch erkennen lassen, daß die Zurückweisung auf die unterbliebene Vorlegung einer Original-Vollmachtsurkunde gestützt wird.

Eine Zurückweisungsbefugnis besteht aber nicht, wenn es sich um den gesetzlichen Vertreter handelt (Eltern, gerichtlich bestellter Betreuer, [Verfahrens-]Pfleger usw.). Die Zurückweisung ist darüber hinaus dann ausgeschlossen, wenn der Vollmachtgeber den Kündigungsempfänger von der Bevollmächtigung in Kenntnis gesetzt hatte (§ 174 Satz 2 BGB) oder der Erklärende bereits des öfteren als berechtigter Vertreter anerkannt wurde.

Im Ergebnis läßt sich daher feststellen: Liegt ein Mangel hinsichtlich der Vertretung vor und rügt der Empfänger diesen nicht sofort, so verliert er sein Recht, die Kündigung diesbezüglich später noch anzugreifen und die Kündigung wird wirksam.

## Die Begründung der Kündigungserklärung

Das Gesetz sieht in § 564 a Absatz 1 Satz 2 BGB lediglich vor, daß in dem Kündigungsschreiben die Gründe angegeben werden „sollen". Ihre Angabe ist grundsätzlich **nicht zwingend** und für die Kündigung somit grundsätzlich **keine Wirksamkeitsvoraussetzung** (BGH NJW 87, Seite 432). Eine ordentliche oder außerordentliche Kündigung ohne angeführte Kündigungsgründe verstößt weder gegen ein gesetzliches Verbot (§ 134 BGB) noch gegen die gesetzliche Schriftform (§ 126 BGB; vgl. auch BayObLG NJW 81, Seite 2197). Die **Sollvorschrift** des § 564 a Absatz 1 Satz 2 BGB stellt im Rahmen einer ordentlichen Kündigung lediglich eine **Obliegenheit** dar. Ihre Nichtbeachtung macht die Kündigung als solche nicht etwa unwirksam (vgl. BayObLG – RE – WuM 1981, Seite 200).

**Praxis-Tip:**

Allerdings muß an dieser Stelle ausdrücklich darauf hingewiesen werden, daß Sie als Mieter möglichst genau darauf achten sollten, ob der Vermieter den Kündigungsgrund angegeben hat. Die Nichtangabe von Gründen durch den Vermieter bringt Ihnen einen besonderen Kündigungsschutz.

Insbesondere durch die restriktive Handhabung in der Rechtsprechung wird eine Erschwernis der Kündigung durch den Vermieter bewerkstelligt, als er noch einen bestimmten Grund zur Kündigung des Vertragsverhältnisses benötigt. So hat kürzlich das BVerfG in einem Beschluß erklärt, daß die Wohnung für jedermann „Mittelpunkt seiner privaten Existenz" sei. Außerdem sei der einzelne auf den Gebrauch der Wohnung zur Befriedigung elementarer Lebensbedürfnisse „so wie zur Freiheitssicherung und Entfaltung seiner Persönlichkeit" angewiesen (Beschluß vom 26.05.1993/Az. 13 VR 208/93). Damit hat das BVerfG dem Mieter ähnlich dem Eigentümer (Vermieter) eine Art **Grundrechtsschutz** in bezug auf die bewohnten vier Wände zugesprochen.

Aber auch schon vor diesem Beschluß waren die Anforderungen an eine Kündigung des Vermieters nicht gerade gering. Auf die Einzelheiten wird später noch genauer eingegangen.

Man wird jetzt ein besonderes Begründungserfordernis des Vermieters bejahen können, welches uneingeschränkt der gerichtlichen Überprüfung unterliegt. Für den Vermieter ist dabei von besonderer Bedeutung, daß im Falle einer Rechtsstreitigkeit mit dem Mieter lediglich die Gründe Berücksichtigung finden, die er in dem Kündigungsschreiben angegeben hat, soweit die Gründe nicht nachträglich, d. h. nach Abfassung des Kündigungsschreibens entstanden sind (§ 565 a Absatz 1 Satz 3 BGB). Im Rahmen einer ordentlichen Kündigung nach § 564 b BGB, muß der Vermieter seinen Kündigungsgrund darlegen, da er dem Mieter sein „berechtigtes Interesse" an dessen Kündigung zu unterbreiten hat. Auch hier werden nur Gründe berücksichtigt, die im Kündigungsschreiben angegeben sind, soweit sie nicht nachträglich entstanden sind (§ 564 Absatz 3 BGB). Ein nach Abgabe der Kündigung entstandenes „berechtigtes Interesse" des Vermieters könnte in einer gerichtlichen Auseinandersetzung mit dem Mieter dann jedenfalls zusätzlich berücksichtigt werden, wenn die vorangegangene Kündigung unwirksam war.

Hieran kann man erkennen, daß es sich bei der eigentlichen „Sollvorschrift" um einen **verschärften Formzwang** für den Vermieter handelt, wenn er nicht Gefahr laufen möchte, daß seine Position bei der Interessenabwägung im Rahmen der Sozialklausel beeinträchtigt wird. Die Unwirksamkeit einer nicht hinreichend begründeten Kündigung ist daher nicht behebbar, ein sog. **Nachschieben von Kündigungsgründen nicht möglich** (vgl. OLG Zweibrücken WuM 1981, Seite 177). Die Kündigung muß dann – unter Beachtung der einschlägigen Fristen – wiederholt werden.

Hervorzuheben ist hierbei, daß die Begründung für den Vermieter auch dann nicht entbehrlich ist, wenn er dem Mieter die Gründe schon vorher mündlich oder schriftlich mitgeteilt hat (BayObLG NJW 81, Seite 2197). Sie muß ausdrücklich und im Rahmen der erklärten Kündigung erfolgen, um auch tatsächlich im Zusammenhang mit dieser rechtlich gewürdigt werden zu können.

Bei der Formulierung des Kündigungsgrundes reicht es auch nicht etwa aus, wenn sich der Vermieter lediglich an die Formulierung des Gesetzestextes klammert, um dem Mieter seine Kündigungsabsicht darzulegen. Die Darstellung der Kündigungsgründe muß für den Kündigungsempfänger – also den Mieter, für den sich dieses Erfordernis als ein besonderer Schutz auswirkt – in einer Weise erfolgen, daß er angesichts der Begründung abschätzen kann, ob er es auf eine gerichtliche Auseinandersetzung ankommen lassen möchte. Darüber hinaus kann er ersehen, mit welchen Gründen der Vermieter letztlich in bezug auf die Kündigung ausgeschlossen ist (vgl. BayObLG – RE – WuM 1985, Seite 50). Der Kündigende – Vermieter – muß die Kündigungsgründe daher so genau bezeichnen, daß sie identifiziert und von anderen Sachverhalten und Lebensvorgängen unterschieden werden können (vgl. BayObLG a.a.O.).

So muß für den Mieter bei einer sog. **Eigenbedarfskündigung** erkennbar sein, für welche Person die Wohnung vorgesehen ist und warum der Vermieter an dieser Verwendung ein besonderes Interesse gerade für diese Wohnung hat (dazu später noch ausführlicher).


**Der Hinweis auf den Kündigungswiderspruch
(§ 564 a Absatz 2 BGB)**

Nach der gesetzlichen Bestimmung des § 564 a Absatz 2 BGB „soll" der Vermieter von Wohnraum den Mieter darauf hinweisen, daß er der Kündigung aus sozialen Gründen widersprechen (§ 556 a BGB) und die Fortsetzung des Mietvertrages verlangen kann, soweit die Kündigung für ihn oder seine Familienangehörigen eine **besondere Härte** bedeuten würde. Auch dies ist wieder eine sog. **Sollvorschrift**, die bei Nichtbeachtung seitens des Vermieters erhebliche Vorteile für den Mieter bringt. Diese Regelung betrifft alle ordentlichen und auch die außerordentlichen, aber befristeten Kündigungen. Auch diese Belehrung in bezug auf den Kündigungswiderspruch hat an alle Kündigungsempfänger zu erfolgen.

Unterläßt der Vermieter nämlich diesen Hinweis, ist dessen Kündigung zwar nicht unwirksam. Der Mieter ist jedoch berechtigt, seinen Widerspruch noch in der ersten mündlichen Verhandlung des **Räumungsrechtsstreits** zu erklären (§ 556 a Absatz 6 Nr. 2 BGB). Wenn Sie dann einen begründeten Widerspruch erheben, besteht die Gefahr, daß der Vermieter möglicherweise den laufenden Prozeß verliert, wenn der Mieter das Räumungsbegehren als solches anerkennt, es jedoch auf die Gewährung einer Räumungsfrist absieht. Diese wird Ihnen als Mieter bei Vorliegen einer entsprechenden Begründung (Härtegründe) in der Regel auch gewährt. Lesen Sie zu diesem Problem bitte den nachfolgenden Punkt und die **Sozialklausel**.


**Teilkündigungen**

Aus der **Einheitlichkeit eines Mietvertrages** folgt, daß von einem Sonderfall abgesehen (vgl. hierzu § 564 b Absatz 2 Nr. 4 BGB) nach überwiegender Ansicht eine Teilkündigung grundsätzlich ausgeschlossen ist. Eine solche Kündigung von Teilen des angemieteten Objekts liegt nach herrschender Meinung auch dann vor, wenn ein vermeintlich gewiefter Vermieter die Vermietung der Wohnung und der dazugehörigen Garage in verschiedenen Mietverträgen vornimmt, die Vertragsparteien aber vollkommen übereinstimmen und der Zeitpunkt der – vermeintlich verschiedenen – Vermietung unmittelbar zusammenhängt. Auch hier liegt letztlich ein einheitlicher Mietvertrag vor, welcher **nicht partiell aufgekündigt werden** kann. Für die Einstufung als rechtlich selbständige, voneinander völlig unabhängige Verträge ist zudem erforderlich, daß zusätzliche Anhaltspunkte hierfür vorliegen. Dies sind z. B. eine unterschiedliche Laufzeit, unterschiedliche Kündigungsfristen, keine völlige Personenübereinstimmung usw.

**Folgen der Nichtbeachtung von Formvorschriften**

Falls Ihre Kündigung den genannten Formvorschriften nicht entspricht, so ist Ihre Kündigung unwirksam. Es wird keine rechtliche Gestaltungwirkung damit erzielt. Daher sollten Sie vor Abgabe Ihrer Kündigung nochmals überprüfen, ob alle Formerfordernisse beachtet wurden. Selbst wenn sich ein etwaiger Mangel im Prozeß herausstellen sollte, ist eine Heilung des Fehlers nicht mehr möglich. Die Kosten des laufenden Rechtsstreits bleiben an Ihnen hängen und Sie haben lediglich die Möglichkeit, das Kündigungsverfahren erneut durchzuführen.

# Die gesetzlichen Gründe für eine ordentliche Kündigung durch den Vermieter

Als Mieter haben Sie in der Regel die Wahl, ob Sie Ihr Mietverhältnis mit oder ohne Angabe eines besonderen Grundes kündigen. Um wirksam zu kündigen, müssen Sie nur die vorher genannten Formerfordernisse erfüllen und die maßgeblichen Kündigungsfristen (hierzu später) beachten.

Der Vermieter muß natürlich ebenfalls die geforderte Form und die entsprechenden Kündigungsfristen einhalten. Allerdings muß in seiner (ordentlichen) Kündigung ein **Kündigungsgrund** angegeben sein. Dies wurde vorstehend bereits erläutert.

Die Gründe, die für eine ordentliche Kündigung des Vermieters maßgeblich sind, ergeben sich dabei insbesondere aus § 564 b BGB, der auf das sog. **berechtigte Interesse** des Vermieters abstellt und für den Mieter die grundlegende Kündigungsschutzvorschrift ist. Sie wird nachfolgend noch im einzelnen behandelt.

Vorab sei jedefalls erwähnt, daß die **Kündigung** eines Wohnraummietverhältnisses allein **zum Zwecke der Mieterhöhung** für den Vermieter keinen Kündigungsgrund darstellt. Eine Kündigung aus diesem Grund ist – wie es auch § 1 Absatz 1 Satz 1 MHG belegt ist – in jedem Falle **unzulässig**.

Ein Kündigungsgrund ist für den Vermieter lediglich dann entbehrlich, wenn sich beide Parteien hinsichtlich der Beendigung des Vertragsverhältnisses einig sind und einen sog. **Mietaufhebungsvertrag** schließen (hierzu noch später).

### Die schuldhafte, nicht unerhebliche Verletzung vertraglicher Pflichten durch den Mieter

Diese ermöglicht es dem Vermieter, ein berechtigtes Interesse an der Kündigung im Sinne des § 564 b Absatz 2 Nr. 1 BGB zu haben. Eine Verletzung von vertraglichen Pflichten liegt immer dann vor, wenn der Mieter durch ein Tun oder Unterlassen erheblich seine Mieterpflichten verletzt. Hierunter fallen u.a. die Pflicht, den **Mietzins zu zahlen** (§ 535 Absatz 2 BGB), die allgemeine Sorgfaltspflicht und Pflichten zur **Einhaltung des vertragsgemäßen Gebrauchs** (§§ 550, 553 BGB), die **Obhutspflicht** (§ 545 BGB). Außerdem die **Duldungspflicht** des Mieters, insbesondere bezüglich baulicher Maßnahmen (§§ 541 a, b BGB), die **Rückgabepflicht** bei Beendigung des Mietverhältnisses und weitere **Nebenpflichten** z. B. das Unterlassen von Ruhestörungen und Reinigung vom Treppenhaus.

● Verschulden

Diese Pflichtverletzungen müssen aber auf einem Verschulden des Mieters beruhen, d. h. er muß ein vorsätzlich oder zumindest **fahrlässiges Verhalten** an den Tag legen. Wird mit Wissen oder Wollen, also bewußt gegen eine Mieterpflicht verstoßen, so liegt ein vorsätzliches Handeln vor. Als fahrlässig ist ein Verhalten einzustufen, bei dem der Mieter die im Verkehr erforderliche Sorgfalt außer acht läßt, in dem er das Maß an Umsicht und Sorgfalt das ein besonnener und gewissenhafter Mieter angewendet hätte, nicht beachtet. Schon leichte Fahrlässigkeit ist ausreichend. Beispiele werden später noch angeführt.

**Praxis-Tip:**

Zu beachten ist auch, daß Ihnen als Mieter in diesem Zusammenhang auch Handlungen Ihrer Familienangehörigen, Hausangestellten, Untermieter und Gäste zugerechnet werden. Gerade im Hinblick auf eine häufige Partys oder andere gesellschaftliche Veranstaltungen sollten Sie daher „auf der Hut" sein.

● Erheblichkeit

Letztendlich muß, damit § 564 b Absatz 2 Nr. 1 BGB verwirklicht ist, die Pflichtverletzung noch erheblich sein. Unerheblich kann sie insbesondere sein, wenn die Rechte und Belange des Vermieters nur ganz geringfügig beeinträchtigt sind oder z. B. eine einzelne Verfehlung des Mieters vorliegt, bei der keine Wiederholungsgefahr gegeben ist.

● Abmahnung

Sofern es sich um geringfügige Verstöße des Mieters gegen seine vertraglichen Pflichten handelt, welche für sich genommen eine Kündigung nicht rechtfertigen würden, können diese in ihrer Gesamtheit sehr wohl ein berechtigtes Interesse des Vermieters begründen. Bei solchen wiederholten Verstößen muß der Vermieter das Verhalten des Mieters über einen längeren Zeitraum beobachten und diesen konkret abmahnen. Denn wenn er eine Abmahnung nicht ausspricht, kann der Mieter grundsätzlich davon ausgehen, daß dieses geringfügig gegen die Vertragspflichten verstoßende Verhalten auch toleriert wird. Der Vermieter wird in der Regel nur dann erfolgreich kündigen können, wenn er Ihnen als Mieter vorher die Gelegenheit gegeben hat, sich vertragstreu zu verhalten. Andernfalls kann ihm in diesem Zusammenhang entgegengehalten werden, daß er sein Recht zur Kündigung gegenüber dem Mieter verwirkt hat.

Eine Kündigung wegen schuldhafter Vertragsverletzung ist nur dann gerechtfertigt, wenn der Verstoß des Mieters so gravierend ist, daß das Vertrauensverhältnis zwischen den Mietvertragsparteien erschüttert und ernsthaft gestört ist. Hierbei ist auf den Einzelfall abzustellen, wobei auch die Überlegung, ob es sich nicht um einen Ausrutscher des Mieters handelt, miteinzubeziehen ist.

Ist allerdings die Vertrauensgrundlage zwischen Mieter und Vermieter schon nach einem einmaligen Vorfall derart erschüttert, daß davon ausgegangen werden muß, daß diese nicht wiederhergestellt werden kann, so ist eine Abmahnung dieses Verhaltens entbehrlich. Regelmäßig wird in einem derartigen Fall (z. B. schwere Beleidigungen, tätliche Auseinandersetzung) aber eine fristlose Kündigung erfolgen.

**Beispiele für Pflichtverletzungen des Mieters**

● Ständiger, wiederholter Zahlungsverzug

Dies kommt vornehmlich dann als zur Kündigung berechtigender Grund in Frage, sofern der Zahlungsverzug vom Ausmaß her nicht schon eine fristlose Kündigung nach § 554 Absatz 1 Nr. 1 und/oder Nr. 2 BGB rechtfertigen würde. Auf diese beiden Vorschriften wird später noch näher eingegangen.

Für die Zahlung des Mietzinses ist in – fast – jedem Mietvertrag ein **fester Zahlungszeitpunkt** vereinbart. Meist ist der dritte Werktag des jeweiligen Monats der maßgebliche Zeitpunkt, zu dem die Miete in der Regel im voraus zu entrichten ist. Für die Rechtzeitigkeit der Zahlung kommt es im übrigen immer darauf an, wann die Miete beim Vermieter eingeht. Es ist Sache des Mieters, mit einem **Dauerauftrag** oder einer **Ein-**

**zugsermächtigung** an den Vermieter und einem gedeckten Konto für den pünktlichen **Zahlungseingang** zu sorgen. Tut er dies nicht und die Zahlungen gehen jeden Monat oder im Laufe des Jahres mehrfach verspätet bei dem Vertragspartner ein, kann die unpünktliche Zahlungsweise bzw. mangelnde **Zahlungsmoral** den Vermieter zur Kündigung veranlassen. Es hat auch hier jedoch wieder eine **Abmahnung** vorauszugehen, die beim Mieter Klarheit dahingehend bewirkt, daß der Vermieter dieses Verhalten nicht weiter hinnehmen wird.

Es ist in diesem Zusammenhang nicht zwingend, daß es sich bei dem Zahlungsrückstand um einen aus der laufenden monatlichen Miete handelt, es kann sich auch um Rückstände aus einer Nebenkostenpauschale oder sonstige einmalige Leistungen (z. B. Schadenersatz) handeln. Ist jedoch eine zu Recht ausgesprochene ordentliche Kündigung aus Zahlungsverzug des Mieters auf § 564 b Absatz 2 Nr. 1 BGB gestützt, so ist die Regelung des § 554 Absatz 2 Nr. 2 (d. h. die **Heilungswirkung** nachträglicher Zahlung innerhalb der **Schonfrist**) nicht entsprechend anwendbar (vgl. OLG Karlsruhe – RE – WuM 1992, Seite 300). Der Mieter kann demzufolge nicht wieder den Zustand eines ungekündigten Mietverhältnisses herbeiführen.

● Der vertragswidrige Gebrauch der Mieträume

Der zugrunde gelegte Inhalt und Zweck des Mietvertrages bestimmt die Anforderungen an das Mieterverhalten (vgl. Pflichten des Mieters im Rahmen der Abhandlung zu § 564 b Absatz 2 Nr. 1 BGB). Es kommt in diesem Zusammenhang nicht darauf an, ob es sich um mietvertragliche **Haupt- oder Nebenpflichten** handelt oder ob diese Pflichten im Rahmen einer **Individualvereinbarung** oder im Rahmen eines Formularvertrages festgelegt wurden.

Vertragswidriges Verhalten berechtigt aber lediglich dann zum Ausspruch einer Kündigung, wenn dieses Verhalten von einigem Gewicht ist und nicht weiter hingenommen werden kann. Dies ist jedoch nicht zu verwechseln damit, daß es dem Vermieter nicht mehr zuzumuten sei, das Vertragsverhältnis weiter aufrechtzuerhalten. Gerade das Vorliegen dieser Unzumutbarkeit ist nicht erforderlich. Maßgebend ist vielmehr, daß es sich um Pflichtverstöße handelt, welche nicht lediglich unerheblich sind und die Belange des Vermieters in einem Maß beeinträchtigt werden, daß der Ausspruch der Kündigung als angemessene Reaktion hierauf anzusehen ist. Auch in diesem Zusammenhang wird man auf eine vorherige Abmahnung vertrauen dürfen, d. h. daß eine sofort ausgesprochene Kündigung – ohne vorherige Abmahnung – wohl in bezug auf ihre Wirksamkeit angegriffen werden kann.

Als **Ausnahme** hierzu gilt jedoch, daß auch einmalige Vertragsverstöße ohne vorherige Abmahnung eine Kündigung rechtfertigen können, wenn der Vertragsverstoß hinreichend schwer wiegt und dadurch das für eine sogenanntes Dauerschuldverhältnis erforderliche **Vertrauensverhältnis** nachhaltig gestört ist.

Sie handeln beispielsweise auch dann vertragswidrig wenn Sie das Haus gefährdende Gegenstände auf dem **Dachboden** oder sonstiger nicht geeigneter Stelle lagern, diese benutzen oder etwa **Haustiere** halten, ohne die hierzu erforderliche Zustimmung des Vermieters eingeholt zu haben. Oder auch, wenn die vertraglich vereinbarten **Schönheitsreparaturen** nicht ordnungsgemäß oder gar nicht durchgeführt werden, obwohl Sie zur Vornahme der Arbeiten wiederholt aufgefordert wurden. Dies gilt auch dann, wenn die Substanz der Mietsache im übrigen noch nicht beeinträchtigt worden ist (vgl. LG Hamburg WuM 1984, Seite 85).

● Die unbefugte Gebrauchsüberlassung der Mieträume
   an Dritte

Hier sagt schon die gesetzliche Bestimmung des § 549 Absatz 1 BGB ausdrücklich, daß der Mieter ohne Erlaubnis des Vermieters nicht berechtigt ist, den Gebrauch der gemieteten Sache an Dritte zu überlassen, insbesondere diese Sache weiterzuvermieten. Dennoch ist auch in diesem Fall dem Vermieter auferlegt, den Mieter gemäß §§ 550, 553 BGB zunächst abzumahnen, d. h. den Mieter zur Entfernung des Untermieters aus den Räumen aufzufordern, bevor Unterlassungsklage erhoben oder gekündigt werden kann. Der Mieter, welcher unberechtigt untervermietet, trägt diesbezüglich das Risiko, den Untermieter erforderlichenfalls „von heute auf morgen" entfernen zu müssen, denn aufgrund der selbst verschuldeten Situation wird ihm auch keine (längere) Frist zur Auflösung des Untermietverhältnisses eingeräumt.

● Die Verletzung sonstiger Obhuts- und Nebenpflichten

Derartige Pflichtverletzungen sind z. B. gegeben, wenn Sie es als Mieter unterlassen, einen Mangel der Mietsache oder eine Vorkehrung zum Schutze der Mietsache gegen eine nicht vorhersehbare Gefahr vorzunehmen. Der Vermieter braucht sich zudem keine **Belästigungen** oder **Beschimpfungen** (z. B. Halsabschneider, Betrüger) anzuhören.

Er muß auch nicht tatenlos zusehen, wenn sein Mieter nachhaltig die Hausruhe stört, weil er mehrfach in der Woche oder im Monat insbesondere zur Schlafenszeit sowie an Sonn- und Feiertagen lautstarke **Musik** hört oder laute **Feste** feiert. Gerade solche **Lärmbelästigungen** sind im Rahmen eines nachbarschaftlichen **Gemeinschaftsverhältnisses** und entsprechend dem Gebot der Rücksichtnahme nicht hinzunehmen. Zwar ist gelegentliches nächtliches **Feiern** sozial üblich und gehört zum vertragsgemäßen Gebrauch der Räumlichkeiten, jedoch gilt dies nur, solange dadurch keine wesentlichen Belästigungen anderer Mitbewohner ausgehen. Entgegen einer landläufigen Meinung gibt es nämlich kein Grundrecht darauf, mindestens einmal monatlich in der Nacht lautstark feiern zu dürfen (vgl. OLG Düsseldorf WuM 1990, Seite 116). Der Mieter hat auch nicht etwa ein Recht darauf, außerhalb der Ruhezeiten Dritte ruhestörend zu belästigen (vgl. Pfeifer ZMR 1987, Seite 361).

## Der sog. „Eigenbedarf" des Vermieters (§ 564 b Absatz 2 Nr. 2 BGB)

Ein weiteres berechtigtes Interesse des Vermieters an der Kündigung des Mieters ist der sog. **Eigenbedarf.** Dieser liegt vor, wenn der Vermieter die vermietete Wohnung für sich selbst oder für eine zu seinem Hausstand oder seiner Familie gehörende Person braucht (vgl. § 564 b Absatz 2 Nr. 2 Satz 1 BGB). Dieser am häufigsten vorgebrachte Kündigungsgrund ermöglicht es dem Vermieter, durch Darlegung seiner eigenen Interessen an der vermieteten Wohnung die Kündigung zu begründen. Für den Vermieter ist es allerdings nicht ausreichend, wenn er lediglich vorträgt, daß er in Zukunft seine Wohnung selbst nutzen möchte, da eine auf „Eigenbedarf" gestützte Kündigung eine Anzahl von Voraussetzungen erfüllen muß, die sowohl im Zeitpunkt der Kündigungserklärung als auch im Zeitpunkt der angestrebten Räumung der Wohnung vorliegen müssen. Es ist erforderlich, auf die einzelnen Begriffe in diesem Zusammenhang einzugehen.

● Der Vermieter muß den Eigenbedarf „zu Wohnzwecken" geltend machen.

Er selbst oder ein Familienangehöriger muß beabsichtigen, in der Wohnung zu wohnen und zwar länger als nur einige Monate. Vorübergehende Wohnungsprobleme reichen nicht aus, um Eigenbedarf zu begründen, vielmehr sollte die begehrte Wohnung als solche mindestens zwei Jahre von dem Vermieter selbst oder dem eng gezogenen Kreise bestimmter Dritter genutzt werden.

Die Begründung des Vermieters, er benötige die Wohnung zur gewerblichen Nutzung im Rahmen seiner beruflichen Tätigkeit, begründet keine Berechtigung zur Kündigung, weil der Eigenbedarf zu anderen als zu Wohnzwecken geltend gemacht wird. Es kann jedoch sogar ausreichen, wenn der Vermieter die Wohnung lediglich als Zweitwohnung nutzen möchte (vgl. LG Regensburg WuM 1992, Seite 192).

● Die begünstigten Personen

Zum Hausstand des Vermieters gehörende Personen sind solche, die in enger Gemeinschaft mit ihm leben. Personen, die der Vermieter erst aufzunehmen beabsichtigt, gehören nicht zu diesen Personenkreis, es sei denn, es besteht eine Notwendigkeit für die Aufnahme, wie es bei einer bevorstehenden Hochzeit oder bei bestehender Pflegebedürftigkeit des Vermieters der Fall ist. So z. B., wenn eine alleinstehende ältere Person den vermieteten Wohnraum für jemanden beansprucht, der ihr den Haushalt führen soll und sie im Krankheitsfall versorgt. Dies wird zur Begründung des Eigenbedarfs anerkannt (vgl. BayOLG WuM 82, Seite 225)

Im Rahmen der Bestimmung der Zugehörigkeit zu den Familienangehörigen darf man nicht allzu großzügig sein, denn in Betracht kommen nur **Verwandte**, die dem Vermieter familienrechtlich oder persönlich nahe stehen.

Dazu gehören jedenfalls: die Mutter (LG Berlin MDR 89, Seite 1104); der Sohn oder die Tochter, selbst dann, wenn sie die Wohnung für eine nichteheliche Lebensgemeinschaft nutzen wollen (OLG Karlsruhe NJW 82, Seite 889); der Bruder (BayOLG MDR 84, Seite 316); das Stiefkind (LG Aschaffenburg DWW 89, Seite 363); ein Schwager nur ausnahmsweise (LG Mainz WuM 91, Seite 554); ebenso ein Neffe (LG Münster NJW-RR 91, Seite 1358); die Schwiegermutter (LG Köln WuM 94, Seite 541). Ein bestimmter Grad der Verwandtschaft kann zwar nicht gefordert werden, entfernteste Verwandte kommen aber nur äußerst selten zur Begründung eines „Eigenbedarfs" in Frage.

Hervorzuheben ist außerdem die Vermietung durch sog. **juristische Personen** (GmbH usw.). Diese „wohnen" nicht und können demzufolge auch keinen Eigenbedarf an einer Wohnung geltend machen (vgl. AG Frankfurt/Main WuM 1977, Seite 99).

● Der Vermieter muß die Wohnung „benötigen".

Der Vermieter muß in diesem Zusammenhang vernünftige und nachvollziehbare Gründe vortragen, die seine Kündigung untermauern (vgl. BGHZ 103, Seite 91; BayObLG – RE – WuM 1982, Seite 125).

So werden keine ellenlangen die Kündigung rechtfertigende Ausführungen gefordert, aber sie sollten auch nicht zu kurz ausfallen. Sie sollen eindeutig aufzeigen, aus welchen Umständen „Eigenbedarf" geltend gemacht wird. Der Mieter soll in besonderem Maße vor **willkürlichen Kündigungen** geschützt werden.

Allein der **Selbstnutzungswunsch** des Vermieters ist danach für die Begründung eines berechtigten Eigenbedarfs nicht ausreichend. Er muß Gründe anführen – und im Streitfall deren tatsächliches Vorliegen beweisen – die diesen Selbstnutzungswunsch vernünftig und nachvollziehbar erscheinen lassen. Ausreichen dafür ist nach Ansicht des BGH jedes auch höchstpersönliche Interesse des Vermieters von nicht ganz geringem Gewicht, welches mit der geltenden **Rechts- und Sozialordnung** im Einklang steht. Es ist nicht erforderlich, daß der Eigenbedarf besonders dringend ist oder etwa ein diesbezüglicher Notfall vorliegt (vgl. BayObLG – Re – WuM 1982, Seite 125). Eine unzureichende Unterbringung des Vermieters ist für die Geltendmachung des Eigenbedarfs nicht erforderlich, vernünftige Gründe für die Bekräftigung seines Interesses sind ausreichend (vgl. BGH NJW 88, Seite 904).

Um den Mieter vor willkürlichen Kündigungen des Vermieters zu schützen, wird immer auf den Einzelfall abgestellt und geprüft, ob der Vermieter plausible Gründe anführt, die seinen Bedarf begründen und nicht rechtsmißbräuchlich erscheinen. Als begründeter Eigenbedarf ist daher auch anzusehen, wenn der Vermieter infolge des Wegzugs eines Familienangehörigen die zu groß gewordene Wohnung (hier 220 Quadratmeter) zugunsten der im selben Haus befindlichen kleineren Wohnung (hier 140 Quadratmeter) aufgibt. Auf eine noch kleinere Wohnung braucht er sich hingegen nicht verweisen zu lassen (vgl. LG Braunschweig NJW-RR 1993, Seite 400). In einem derartigen Fall sollte der Vermieter Ihnen als Mieter jedoch die freiwerdende größere Wohnung als **Ausweichmöglichkeit** (sog. **Alternativwohnung**) anbieten, denn ein wegen Eigenbedarf kündigender Vermieter ist grundsätzlich dazu verpflichtet, dem Mieter bei ihm freigewordene, aber nicht seinem eigenden Bedarf entsprechende Wohnung zum Tausch anzubieten (vgl. LG Homburg WuM 1992, Seite 192; LG Hamburg WuM 1990, Seite 301). Andernfalls ist er dem Einwand der **unzulässigen Rechtsausübung** ausgesetzt.

● Vernünftige, nachvollziehbare Gründe

Sie liegen insbesondere vor, wenn

● sich die Lebenssituation des Vermieters ändert, wenn er z. B. heiratet oder berufsbedingt in einen anderen Ort ziehen muß.

● er infolge Krankheit oder Alters die von ihm bewohnte Wohnung nicht mehr nutzen kann.

● sein Sohn oder seine Tochter ein Studium aufgenommen hat oder heiratet und eine Wohnung benötigt.

● der Vermieter sich vom Ehepartner trennt und deshalb die bewohnte Wohnung kündigen muß.

● Eignung der Wohnung für den Vermieter und Rechtsmißbrauch

Ungeeignet ist eine Wohnung beispielsweise dann, wenn sie, gemessen an dem geltend gemachten Bedarf, deutlich zu groß ist. Will etwa der Vermieter für seinen studierenden Sohn eine Wohnung mit ca. 100 Quadratmeter Wohnfläche kündigen, wird die Begründung des Wohnbedarfs der Wohnfläche kaum plausibel und nachvollziehbar erläutert werden können (vgl. AG Schöneberg WuM 1992, Seite 19). Rechtsmißbrauch ist auch gegeben, wenn der Vermieter einen überhöhten Bedarf in der Weise geltend macht, daß er ein Mietverhältnis über eine Vier-Zimmer-Wohnung zugunsten einer alleinstehenden 22jährigen Studentin kündigt (vgl. BVerfG WuM 1990, Seite 480; ähnlich LG München I WuM 1990, Seite 346).

In Fällen dieser Art ist davon auszugehen, daß der „Eigenbedarf" rechtsmißbräuchlich geltend gemacht wurde und deshalb einer Prüfung nicht standhält. Ein besonders hoher Wohnflächenbedarf ist daher in entsprechend konkreter Weise darzulegen (vgl. LG Münster WuM 1992, Seite 372). Eine rechtsmißbräuchliche Vorgehensweise des Vermieters liegt beispielsweise vor, wenn der Vermieter an einem geltend gemachten Eigenbedarf festhält, obwohl im Haus eine Alternativwohnung freigeworden ist und er anderen Mietinteressenten gegenüber noch keine Zusagen gemacht hat (vgl. LG Duisburg WuM 1992, Seite 20). Ebenso wenn die Parteien im Mietvertrag eine **Staffelmiete** vereinbaren, welche es rechtfertigt, ein Vertrauen des Mieters dahingehend zu begründen, daß der Mietvertrag wegen Eigenbedarf erst nach einer gewissen Dauer gekündigt werden kann – nicht bereits nach zwei Jahren, wie in diesem Fall (vgl. AG Hamburg/Bergedorf WuM 1993, Seite 194).

Es ist jedoch für die Ablehnung des geltend gemachten Eigenbedarfs nicht ausreichend, wenn lediglich irgendeine anderweitige Wohnung des Vermieters freigeworden ist; es muß vielmehr dazukommen, daß eben diese auch geeignet ist, dessen Wohnbedarf zumindest in gleicher Weise zu befriedigen, ohne daß dieser erhebliche Abstriche vornehmen muß (vgl. LG Hannover WuM 1990, Seite 305).

Der Vermieter ist auch nicht etwa verpflichtet, unter mehreren für seinen Wohnbedarf in Frage kommenden Wohnungen eine Auswahl nach sozialen oder anderen vergleichbaren Gesichtspunkten vorzunehmen (vgl. OLG Düsseldorf WuM 1993, Seite 49). Er kann diesbezüglich frei wählen.

- Entstehung des Eigenbedarfs nach Abschluß
  des Mietvertrages

Wenn der Eigenbedarf des Vermieters bereits zum Zeitpunkt des Vertragsschlusses mit dem Mieter bestanden hat und er dennoch einen Mietvertrag abschloß, bestehen ernsthafte Zweifel an der Ernsthaftigkeit des geltend gemachten Eigenbedarfs, wenn er kurze Zeit danach die Entscheidung zur Vermietung revidiert. In einem solchen Fall bedarf es einer besonders eingehenden Begründung dieser Vorgehensweise (vgl. LG Trier NJW-RR 1992, Seite 718). Auf jeden Fall liegt in derartigen Fällen **treuwidriges Verhalten** des Vermieters bei Vertragsschluß vor (vgl. BVerfG NJW 1992, Seite 3032).

Anders kann dies nur dann betrachtet werden, wenn der Eigenbedarf schon bei Vertragsschluß absehbar war und der Vermieter sich die Geltendmachung im Mietvertrag bereits vorbehalten hat oder aus diesem Grund einen befristeten Mietvertrag abgeschlossen wurde. Wenn dies nicht der Fall ist, sind die Interessen des Mieters zumindest für die Dauer von fünf Jahren (ab Vertragsschluß) zu beachten.

Darüber hinaus muß der Vermieter die Wohnung spätestens zur Zeit des Ablauf der Kündigungsfrist, d. h. zur Zeit der Beendigung des Mietverhältnisses benötigen. Eine Kündigung, die nur „verdachtsweise" erfolgt, weil der Vermieter damit rechnet, daß Eigenbedarf eintreten könnte, z. B. weil er hofft, seine Tochter werde letztendlich doch noch studieren, ist unwirksam. Es handelt sich um eine sog. **Vorratskündigung**, bei der nicht mit hinreichender Sicherheit feststeht, daß der geltend gemachte Eigenbedarf auch tatsächlich eintritt. Er ist vielmehr nur spekulativ und es kann lediglich vermutet werden, daß die Wohnung gebraucht wird.

Will sich der Vermieter für eine Eigenbedarfskündigung auf Gründe eines früheren Kündigungsschreibens stützen, so muß er auf diese Gründe ausdrücklich Bezug nehmen (vgl. LG Hamburg NJW-RR 1993, Seite 145). Tut er dies nicht, ist sein Kündigungsschreiben nicht hinreichend begründet und damit unwirksam.

Besondere Beachtung findet der Gesichtspunkt des Wegfalls des Eigenbedarfs. Wenn die für die Begründung des Eigenbedarfs vorgetragenen Gründe in der Zeit bis zur angestrebten Räumung der Wohnung wegfallen, so hat der Vermieter die schon ausgesprochene Kündigung zurückzunehmen und dem Mieter die Fortsetzung des Mietverhältnisses anzubieten, wenn er sich nicht wegen unberechtigter Eigenbedarfskündigung **aus positiver Vertragsverletzung schadensersatzpflichtig** machen möchte (vgl. OLG Karlsruhe NJW 1982, Seite 54; ebenso WuM 1982, Seite 11).

● Schadensersatz bei vorgetäuschtem „Eigenbedarf"

Leider gibt es auch immer wieder „schwarze Schafe" unter den Vermietern, die Eigenbedarf als Kündigungsgrund anführen, in Wirklichkeit damit nur bezwecken wollen, daß die Wohnung vom bisherigen Mieter geräumt wird, weil man einen neuen Mieter gefunden hat, der bereit ist, eine höhere Miete zu zahlen. Erfahren Sie als bisheriger Mieter, der sich eine Ersatzwohnung angemietet hat nach Ihrem Auszug, daß nicht Ihr ehemaliger Vermieter, sondern ein neuer Mieter in die Wohnung eingezogen ist, so sind Sie mit Recht verärgert. Ihre Wut auf den Vermieter ist verständlich, denn der Umzug hat Sie Zeit und Geld gekostet. Oft kommt noch dazu, daß die Miete für die Ersatzwohnung höher ist. Als gekündigter Mieter fühlen Sie sich „an der Nase herumgeführt", denn Sie hätten sich den gesamten Aufwand sparen können, wenn der Vermieter den Eigenbedarf nicht vorgetäuscht hätte. In einem derartigen Fall war die Kündigung wegen vorgetäuschten Eigenbedarf ungerechtfertigt und deshalb unwirksam. Da der Vermieter seine Pflichten aus dem Mietvertrag verletzt hat, muß er Ihnen einen evtl. entstandenen Schaden aus positiver Vertragsverletzung ersetzen.

Als **Schaden** können Sie alle Kosten geltend machen, die durch den unnötigen Auszug entstanden sind (Fahrt- und Telefonkosten, oder die Differenz zwischen alter und neuer Miete). Der Mieter muß aber beachten, daß er, wenn er seinen entstandenen Schaden gegenüber dem Vermieter vor Gericht geltend machen will, alle Schadensposten beweisen muß.

**Praxis-Tip:**

Bewahren Sie alle Belege über Rechnungen oder angefallene Zahlungen sorgfältig auf, und Sie vermeiden so, daß Ihre Klage als unbegründet abgewiesen wird.

Ein Schadensersatzanspruch des Mieters ist allerdings ausgeschlossen, wenn der Vermieter zwar verspätet den Wegfall des Eigenbedarfs anzeigt, der Mieter jedoch in der Zwischenzeit eine Ersatzwohnung gefunden hat, die seinen Vorstellungen entspricht (vgl. LG Arnsberg DWW 1990, Seite 308).

### Der Eigenbedarf bei „Umwandlung" einer Mietwohnung (§ 564 Absatz 2 Nr. 2 Satz 2 BGB)

Eine Eigenbedarfskündigung setzt nicht notwendig voraus, daß ein Haus nur einem Eigentümer gehört, häufig besteht nur Wohnungseigentum. Dieses Wohnungseigentum kann aber auch durch Umwandlung einer Mietwohnung in eine Eigentumswohnung erst begründet werden. Hierfür war bis zur Entscheidung des BVerfG vom 30. Juni 1992 eine sogenannte **Abgeschlossenheitsbescheinigung** erforderlich. Diese wurde ursprünglich nur dann erteilt, wenn die für die Umwandlung notwendigen Trennwände und Trenndecken dem Bauordnungsrecht des jeweiligen Bundeslandes entsprachen. Seit dieser Entscheidung, in der festgelegt wurde, daß „Wohnungen und sonstige Räume in bestehenden Gebäuden auch dann im Sinne von § 3 Absatz 2, Satz 1 WEG in sich abgeschlossen sein können, wenn die Trennwände und Trenndecken nicht den Anforderungen entsprechen, die das Bauordnungsrecht des jeweiligen

Bundeslandes aufstellt, werden immer mehr Mieter von einer Umwandlung in Wohnungseigentum betroffen. Die Tatsache, daß nunmehr allein auf die räumliche Erscheinungsform des zu bildenden Wohnungseigentums abgestellt wird, stellt für den Vermieter eine Erleichterung dar.

Aber auch diese veränderte Rechtslage hebt den feststehenden Grundsatz **„Kauf bricht Miete nicht"** nicht aus den Angeln (vgl. §§ 571, 580 BGB). Der Erwerber tritt in das bestehende Mietverhältnis ein, so daß der alte Mietvertrag mit dem neuen Eigentümer fortgesetzt wird. Der neue Vermieter kann den Mieter nicht zum Abschluß eines neuen Mietvertrages zwingen. Altverträge haben insofern Bestandsschutz. Lassen Sie sich als Mieter in diesem Punkt nicht von irgendjemandem etwas anderes erzählen.

---

**Praxis-Tip:**

Es gibt keinen Anspruch des neuen Eigentümers auf einen neuen Vertrag, wie auch immer der alte, bereits bestehende Mietvertrag aussehen mag. Auch wenn die Miete noch so billig ist und der Vermieter noch so schlecht abschneidet. Behalten Sie in jedem Fall Ihren Altvertrag, dieser bildet für Sie die maßgebliche Vertragsgrundlage und fällt in jedem Falle positiver aus als jeder neue oder neuere (Formular-) Mietvertrag.

---

● Sperrfrist

Sofern dieses Wohnungseigentum erst nach Abschluß des Mietvertrages begründet wird, ist der Mieter zusätzlich in einer besonderen Art und Weise vor einer Kündigung wegen Eigenbedarf geschützt. Für den Neuerwerber gibt es nämlich eine Sperrfrist, so daß er keinesfalls damit rechnen kann, sofort nach dem Kauf in die Wohnung einziehen zu können. Bei der **Sperrfristregelung** des § 564 b Absatz 2 Nr. 2 Satz 2 BGB muß aber zum einen beachtet werden, daß die vermieteten Räumlichkeiten tatsächlich erst nach Überlassung an den Mieter zum Wohnungseigentum umgewandelt wurde und, daß diese Umwandlung erst nach dem 1. August 1990 vorgenommen wurde. Zum anderen aber auch, daß die Wohnung dann an einen weiteren Erwerber (neuer Vermieter) verkauft wurde.

● Dauer der Sperrfrist

Der neue Vermieter kann in einem solchen Fall erst nach Ablauf einer Sperrfrist von drei Jahren eine Kündigung wegen Eigenbedarfs aussprechen (§ 564 b Absatz 2 Nr. 2 BGB). Die entsprechende Sperrfrist – allerdings mit einer Dauer von fünf Jahren – gilt auch dann, wenn der neue Vermieter das Vertragsverhältnis zur Vermeidung erheblicher wirtschaftlicher Nachteile kündigen möchte (§ 564 b Absatz 2 Nr. 3 BGB).

Doch den neuen Vermieter kann es noch schlimmer treffen. Ist die ausreichende Versorgung der Bevölkerung mit Mietwohnungen zu angemessenen Bedingungen in einer Gemeinde nämlich besonders gefährdet, so kann diese Frist nochmals verlängert sein. Die entsprechenden Gebiete werden durch eine Rechtsverordnung der Landesregierung ausgewiesen. Im Juni 1993 wurde in Bayern eine mit Rückwirkung zum 2. Mai 1993 in Kraft tretende **Wohnungsgebietsverordnung** erlassen. Hiernach gilt jedenfalls nach „Umwandlung" der Mietwohnung in bestimmten Gebieten eine zehnjährige Kündigungssperrfrist. In Bayern sind derzeit München, Regensburg, Erlangen sowie kleinere Orte von dieser Regelung betroffen. Auch die Länder Baden-Württemberg, Berlin, Bremen, Hamburg, Hessen, Niedersachsen, Nordrhein-Westfalen und Schleswig-Holstein haben solche Verordnungen erlassen. Inhaltliche Informationen diesbezüglich erhalten Sie bei der Gemeinde sowie bei den örtlichen Grundbesitzer- und Mietervereinen.

*Achtung:*

Hinzukommt, daß nach Ablauf dieser Frist auch noch die sich bis dahin ergebende „normale" Kündigungsfrist anzurechnen ist. Gegenüber dem alten Vermieter besteht ebenfalls Kündigungsschutz, denn die Umwandlung einer Wohnung in eine Eigentumswohnung und der ausdrückliche Verkauf beinhaltet kein anerkanntes „berechtigtes Interesse" im Rahmen einer Kündigung.

## Neue Rechtsprechung zur Kündigung wegen Eigenbedarfs

● Im Falle einer Eigenbedarfskündigung kann der Mieter vom Vermieter Auskunft über den zu dessen Verfügung stehenden Grundbesitz und darüber verlangen, welche Wohnungen innerhalb dieses Grundbesitzes frei sind, freigeworden bzw. gekündigt worden sind (vgl. LG Berlin WuM 1994, Seite 75).

● Eine Fünf-Zimmer-Wohnung mit 150 Quadratmeter Wohnfläche kann für einen Zweipersonenhaushalt im Hinblick auf eine beabsichtigte Eheschließung und Verwirklichung eines Kinderwunsches noch der Eigentümervorstellung von angemessenen Wohnen entsprechen, wenngleich eine kleinere Wohnung angemessen wäre. Dies gilt grundsätzlich auch dann, wenn der Eigentümer über eine 100 Quadratmeter große **Alternativwohnung** mit ausreichender Raumaufteilung disponieren kann (vgl. BVerfG NJW 1994, Seite 995).

● Der Wunsch des Mieters, zur Kinderbetreuung eine Person in seinem Haushalt aufzunehmen, ist grundsätzlich vernünftig und nachvollziehbar. Das gilt in gleicher Weise für seinen Wunsch, die Betreuung in seiner Wohnung unterzubringen, statt in einer unbeheizten Dachkammer, die über keine sanitären Einrichtungen verfügt (vgl. BVerfG NJW 1994, Seite 994).

- Es verstößt gegen Art. 14 Absatz 1 Satz 1 GG, wenn das Fachgericht dem Vermieter ansinnt, er müsse seinen eigenen Wohnbedarf bzw. den seiner privilegierten Familienangehörigen in einer 100 Quadratmeter großen Alternativwohnung befriedigen, wenn er selbst entschieden hat, daß dies in der wegen Eigenbedarfs gekündigten 150 Quadratmeter Wohnung geschehen solle (vgl. BVerfG NJW 1994, Seite 995).

- Eine Eigenbedarfskündigung ist auch möglich wegen der beabsichtigten Unterbringung einer Puppensammlung oder sonstigen Möbeln des Eigentümers und Vermieters, die ursprünglich in einer Mansarde des Hauses untergebracht waren. Ein Eigentümer/Vermieter braucht sich durch die Fachgerichte nicht vorschreiben zu lassen, daß er eine bereits vorhandene Puppensammlung, statt in seiner Wohnung aufzustellen, außerhalb derselben verpackt lagern muß. Dies gilt auch dann, wenn der Eigentümer/Vermieter im Zeitpunkt des Eigentumserwerbs wußte, daß die von ihm zur Eigennutzung vorgesehene Wohnung, gemessen an seinem bisherigen Hausstand, viel zu klein ist und er deshalb gezwungen ist, Teile derselben auszulagern (vgl. BVerfG NJW 1994, Seite 994).

- Es läßt den Wunsch des Vermieters auf Zusammenlegung zweier nebeneinander liegender Wohnungen als vernünftig und nachvollziehbar erscheinen und ist als beachtlicher Grund anzusehen, wenn der Vermieter einen Teil der von ihm und von einer Familie genutzten Räume nur über das allgemeine Treppenhaus erreichen kann und sich somit – zumindest kurzfristig – aus seinem privaten Lebensbereich in einen teilöffentlichen Bereich begeben muß (vgl. BVerfG NJW-RR 94, Seite 333).

- Einem Mieter, der sich zur Begründung der Unzumutbarkeit seines Umzugs auf einer besonderen sozialen Verwurzelung in einem bestimmten Wohnviertel einer Großstadt stützt, ist dieser Einwand – auch wenn er schon länger als drei Jahrzehnte in der streitgegenständlichen Wohnung wohnt – abgeschnitten, wenn sich sein Freundeskreis auf das gesamte Stadtgebiet verteilt und er sich selbst mehrere Monate im Jahr auf einer deutschen Ferieninsel aufhält (vgl. LG Hamburg NJW-RR 1994, Seite 204).

● Stellt der Mieter den Eigenbedarf einer der Vermieterehegatten, den dieser auf eine erhebliche Verkürzung des Arbeitsweges gründet, mit der Begründung in Abrede, dieser Ehegatte müsse aufgrund der Eigentumsverhältnisse seines Ehepartners gar nicht arbeiten, so ist dieser Vortrag schon deshalb unbeachtlich, weil seine Beachtung einen unzulässigen Eingriff in die private Lebensplanung des Vermieterehepaares darstellt (vgl. LG Hamburg NJW-RR 1994, Seite 204).

● Im Kündigungsschreiben wegen Eigenbedarfs muß der Vermieter weiteren Grundbesitz offen legen und darlegen, weshalb der Eigenbedarf dort nicht befriedigt werden kann (vgl. LG Bielefeld WuM 1993, Seite 539).

● Grundsätzlich hat allein der Vermieter darüber zu entscheiden, welche Wohnungen aus seinem Bestand er für die Vermietung vorsieht. In diese Disposition dürfen die Fachgerichte nicht eingreifen indem sie eine Anbietpflicht (als Ersatzwohnung) auch für solche Wohnungen entwickeln, die der Vermieter gerade nicht anderweitig vermietet, sondern selbst – z. B. als Übergangswohnung für einen Familienangehörigen – nutzen will (vgl. BVerfG NJW 1994, Seite 435).

● Aus dem Wort „benötigen" in § 564 b Absatz 2 Nr. 2 BGB kann im Anschluß an BGHZ 103, Seite 91 (= NJW 1988, Seite 904) nicht gefolgert werden, auf Seiten des Eigenbedarfs geltend machenden Vermieters müsse ein Notfall, Mangel oder eine Zwangslage vorliegen; vielmehr folgt daraus das Recht des Vermieters, beim Vorliegen vernünftiger Gründe im eigenen Haus bzw. in der eigenen Wohnung wohnen zu können (BVerfG NJW 1994, Seite 309).

- Der Erlangungswunsch des Vermieters ist materiell-rechtlich grundsätzlich als vernünftiger, nachvollziehbarer Grund für eine Eigenbedarfskündigung zu respektieren, wenn er sich darauf stützt, daß die Vermieterwohnungsmiete viermal teurer ist als die Miete der Mietwohnung (vgl. BVerfG NJW 1994, Seite 310)

- Bei der Beurteilung der Frage, ob der von zwei Personen geltend gemachte Wohnbedarf mit einer 5 1/2-Zimmerwohnung auf etwa 156 qm weit überhöht und damit der Erlangungswunsch rechtsmißbräuchlich ist, kann der Umstand entscheidend sein, daß die beanspruchten Räume auch nur von zwei Personen innegehalten werden (vgl. NJW 1994, Seite 2605).

- Allgemeine Bemessungsregeln für die zulässige Höhe eines geltend gemachten Wohnbedarfs gibt es nicht, vielmehr ist auf die Umstände des Einzelfalles abzustellen (vgl. LG Gießen NJW- RR 1994, Seite 910).

- Kann der Vermieter – anders als in der eigenen Wohnung – auch längerfristigen Besuch seiner Kinder und Enkelkinder ohne größere Umstände in der zu kündigenden, vermieteten Wohnung beherbergen, da diese Wohnung ein drittes Zimmer hat, ist der Eigenbedarf vernünftig und nachvollziehbar (vgl. LG Hamburg WuM 1994, Seite 683).

- Die bislang unzureichende Wohnungsunterbringung eines nahen Angehörigen kann die ordentliche Kündigung des Mietverhältnisses durch den Vermieter rechtfertigen. Zur Identifizierung dieses Kündigungsgrundes reichen pauschale Werturteile wie „vielköpfige Familie", „völlig überbelegt" und „unzumutbare Wohnverhältnisse" aber nicht aus. Vielmehr sind schon im Kündigungsschreiben Angaben zu der Größe, der Lage und des Zuschnittes des Wohnhauses, in dem der Angehörige nur unzureichend untergebracht sein soll, sowie zu der Anzahl und den Bedürfnissen der Bewohner erforderlich (vgl. LG Gießen WuM 1994, Seite 684).

- Allein die Tatsache, daß der Vermieter und seine erwachsenen Kinder in einem Haus leben und den Mietzins für bisher drei Wohnungen einsparen wollen, reicht zur Kündigung wegen Eigenbedarfs nicht aus (vgl. AG Bad Liebenwerda WuM 1994, Seite 525).

- Die Eigenbedarfskündigung ist treuwidrig, wenn der Vermieter bei Absehbarkeit des Eigenbedarfs eine andere freigewordene Wohnung im Haus unbefristet vermietet hat (vgl. AG Hamburg- Altona WuM 1994, Seite 383).

### Kündigung wegen Hinderung an einer angemessenen wirtschaftlichen Verwertung (§ 564 b Absatz 2 Nr. 3 BGB)

Der Vermieter kann ein berechtigtes Interesse an der Kündigung des Mietverhältnisses haben, wenn er durch dessen Fortsetzung an einer angemessenen wirtschaftlichen Verwertung des Grundstücks gehindert wird und dadurch erhebliche Nachteile erleiden würde. Auf den ersten Blick könnte man vielleicht meinen, dieser Kündigungsgrund berücksichtigt nur die Interessen des Vermieters, nämlich eine Wohnung wirtschaftlich nutzen zu können. Tatsächlich sind in diese Vorschrift aber auch die Interessen des Mieters eingeflochten worden. Wie schon an anderer Stelle erwähnt, hat das BVerfG in einem Beschluß erklärt, daß die Wohnung für jedermann „Mittelpunkt seiner privaten Existenz" ist und der einzelne auf deren Gebrauch zur Befriedigung elementarer Lebensbedürfnisse „sowie zur Freiheitssicherung und Entfaltung seiner Persönlichkeit" angewiesen ist.

Auf der anderen Seite ist aber das Interesse des Vermieters, die Wohnung unabhängig vom bestehenden Mietvertrag wirtschaftlich nutzen zu können, nicht aus den Augen zu verlieren. Erleidet der Vermieter trotz Mieteinnahmen erhebliche Vermögenseinbußen, so muß ihm die Möglichkeit verbleiben, über sein Eigentum wirtschaftlich frei verfügen zu können. Er soll nicht aus Gründen des Mieterschutzes verpflichtet sein, an die Grenze des wirtschaftlichen Zusammenbruchs zu gelangen.

● Der Begriff „wirtschaftliche Verwertung"

Er umfaßt insbesondere den Verkauf des Hauses, in dem sich die Wohnung befindet, aber auch jeder sonstige Einsatz zu wirtschaftlichen Zwecken des Vermieters. Daher kann auch eine umfassende Renovierung, der Abbruch des Hauses oder einer anderweitige Vermietung zu gewerblichen oder freiberuflichen Zwecken diesbezüglich in Betracht kommen (vgl. BayObLG – RE – WuM 1984, Seite 16). Das heißt natürlich nicht, daß die Aussicht, bei einer neuen Vermietung des Wohnraums mehr Miete zu bekommen, ausreichend ist. Der schon erwähnte § 1 Absatz 1 MHG und die Regelung in § 564 b Absatz 2 Nr. 3 BGB stellen dies ausdrücklich klar. Die beabsichtigte Verwertung muß sich auf ein Grundstück beziehen, wenngleich hierunter auch eine Eigentumswohnung fällt. Jedoch kann nur eine konkret bevorstehenden Verwertung den Ausspruch einer Kündigung rechtfertigen.

● Angemessenheit

Eine gesetzliche Definition für den Begriff der „Angemessenheit" liegt nicht vor, so daß pauschal keine Begriffsbestimmung vorgenommen werden kann. Angemessen ist die Verwertung dann, wenn sie sich im Rahmen der geltenden **Rechts- und Sozialordnung** hält und insofern rechtmäßig ist (vgl. Barthelmess § 564 b, Rn 92). Entscheidend ist wieder der Einzelfall, der anhand nachfolgender Beispiele verdeutlicht werden soll.

Muß der Vermieter das Haus verkaufen, weil er das Kapital aus dem Verkauf zum Aufbau seiner **Altersversorgung** benötigt, so ist der Kündigungsgrund gegeben, wenn das Haus im vermieteten Zustand nicht oder nur mit so großem Verlust zu verkaufen ist, daß dies nicht zuzumuten wäre. Ebenso wenn er eine komplette **Modernisierung oder Sanierung des gesamten Hauses** und damit auch der Mietwohnung beabsichtigt und das Haus sich ohne diese Maßnahme nicht wirtschaftlich führen läßt. Angemessenheit ist auch zu bejahen, wenn der Vermieter den **Erlös** aus dem Verkauf benötigt, weil er ein Haus kaufen möchte, um darin selbst zu wohnen. Eine Hinderung besteht letztendlich immer dann, wenn der Vermieter wegen des bestehenden Mietverhältnisses mit seinem Eigentum nicht so verfahren kann, wie es seinen Interessen entsprechen würde. Entscheidend sind aber immer die Motive des Vermieters, die dahinterstehen. Daher muß der Vermieter in seinem Kündigungsschreiben in differenzierter Art und Weise die wirtschaftliche Situation und die beabsichtigte Verwertung der Mieträume darlegen. Er muß, um nicht Gefahr zu laufen, vor Gericht mit seiner Kündigung nicht durchzukommen, den Grund so genau wie möglich in allen Einzelheiten vortragen.

● Der Zusammenhang zu dem zu erwartenden Nachteil

Die Hinderung der angemessenen wirtschaftlichen Verwertung muß **kausal** – ursächlich – sein für einen erheblichen Nachteil des Vermieters. Wenn also wegen der Vermietung der Verkaufspreis des Hauses deutlich geringer ist, so wäre der **Differenzbetrag** (Verkauf des Hauses im unvermieteten Zustand) ein erheblicher Nachteil. Dann stehen die Interessen des Vermieters im Vordergrund und eine Kündigung ist unausweichlich. Der zu erwartende **Mindererlös** im vermieteten Zustand darf insoweit nicht zum „faktischen Verkaufshindernis" werden (BVerfG WuM 1989, Seite 118).

Das Erfordernis des erheblichen Nachteils darf auch nicht soweit ausgedehnt werden, daß verlangt wird, der Vermieter müßte anderenfalls in **Existenznot** geraten. Es ist ausreichend, wenn er durch Gegenüberstellung der Ein- und Ausgaben nachweisen kann, daß im jetzigen Zustand mehr Verlust als Gewinn erzielt wird und deshalb die Rentabilität in Frage gestellt ist. Zu beachten ist aber, daß derjenige Eigentümer, der eine vermietete Wohnung in der (spekulativen) Absicht erwirbt, diese nach vollzogener Entmietung gewinnbringend zu veräußern, sich nicht auf diesen Kündigungsgrund stützen kann. Er erleidet keinen Nachteil dadurch, daß im das Kündigungsrecht und damit der erwartete Gewinn versagt wird, den er bei einem Verkauf in leerem Zustand erzielen könnte (vgl. LG Dortmund WuM 1992, Seite 132).

Der zu erwartende Nachteil muß zudem **erheblich** sein. In diesem Zusammenhang ist zu beachten, daß der Eigentümer den Mietvertrag abgeschlossen und aus diesem Grunde auf die Belange des Mieters Rücksicht zu nehmen habe. Dies rechtfertige es, ihm nicht schon bei jedem wirtschaftlichen Nachteil einen Anspruch auf Räumung zu gewähren. Die wirtschaftlichen Einbußen dürfen aber keinen Umfang annehmen, der diejenigen Nachteile bei weitem übersteige, die den Mieter im Fall des Verlustes der Wohnung treffen würden (vgl. BVerfG WuM 1989, Seite 118). Ob ein Nachteil letztlich erheblich ist, hängt maßgeblich von den wirtschaftlichen und persönlichen Verhältnissen des Vermieters und den damit in Zusammenhang zu sehenden Motiven der Verwertung ab. Die Folgen der Hinderung an der beabsichtigten Verwertung müssen den Vermieter stärker treffen als den Mieter. Dies bedarf grundsätzlich einer Einzelfallbetrachtung.

Abschließend ist nochmals auf die Regelung in § 564 b Absatz 2 Nr. 3 Satz 4 BGB und die damit verbundene Sperrfrist von mindestens fünf Jahren hinzuweisen. Ist an den vermieteten Wohnräumen, nach Überlassung an den Mieter Wohnungseigentum begründet und das Wohnungseigentum veräußert worden, so kann sich der Erwerber nicht vor Ablauf dieser Sperrfrist seit der Veräußerung an ihn darauf berufen, daß er die Mieträume veräußern will. Auch hier gilt die bereits oben angesprochene Verlängerung der Sperrfrist für Gebiete mit **dringendem Wohnbedarf**.

**Neue Rechtsprechung zur „wirtschaftlichen Verwertung"**

- Kündigt der Vermieter das Mietverhältnis gemäß § 564 b Absatz 2 Nr. 3 BGB, weil er das Gebäude, in dem sich der vermietete Wohnraum befindet, abreißen und durch einen Neubau ersetzen will, so ist für die Wirksamkeit der Kündigung grundsätzlich nicht erforderlich, daß zum Zeitpunkt des Zugangs der Kündigungserklärung die baurechtliche Genehmigung zur Errichtung des Neubaus vorliegt (vgl. BayObLG NJW-RR 1994, Seite 78).

- Die Kündigung wegen Verwertung (z. B. Errichtung eines Neubaus) ist auch nicht deshalb unwirksam, weil der Vermieter in dem Kündigungsschreiben, die baurechtliche Genehmigung zum Abbruch des Gebäudes bereits erwähnt hat (vgl. BayObLG NJW-RR 1994, Seite 78).

# Sonderfälle von Kündigungsmöglichkeiten

### Die Teilkündigung (§ 564 b Absatz 2 Nr. 4 BGB)

Sie ist ein Sonderfall der Kündigung, da sie eine Ausnahme von der sogenannten **Einheitlichkeit des Mietvertrages** ist und lediglich **Nebenräume** und Teile eines Grundstücks betrifft. Wird z. B. eine Wohnung mit Garten oder Garage vermietet, so bedeutet dies die Begründung eines einheitlichen Verhältnisses, welches auch nur insgesamt – also einheitlich – beendet werden kann. Es kann also weder der Vermieter noch der Mieter die neben dem Wohnraum mitvermietete **Gartenfläche** kündigen und das Mietverhältnis über die Wohnung bestehen lassen.

Seit dem 1. Juni 1990 gibt es von diesem Grundsatz einige Ausnahmen, welche geschaffen wurden, um dem Mangel an den Wohnraum entgegenzuwirken. Der Vermieter kann nach der gesetzlichen Bestimmung des § 564 b Absatz 2 Nr. 4 BGB

„nicht zum Wohnen bestimmte Nebenräume oder Teile eines Grundstücks" gesondert kündigen und den Mietvertrag im übrigen aufrechterhalten.

Eine vom Vermieter derartig ausgesprochene Teilkündigung ist aber an folgende Voraussetzungen geknüpft:

- Es können lediglich die Nebenräume gekündigt werden, die nicht zu Wohnzwecken vermietet waren (z. B. Speicher, Trockenraum, Abstellraum usw.).

- Der Vermieter muß die bezeichneten Räume zu Wohnzwecken ausbauen und vermieten wollen. Eine andere Nutzung, auch aus eigenen Geschäftsinteressen, ist ausgeschlossen.

- Die Kündigung mit dieser entsprechenden Begründung mußte vor dem 1. Juni 1995 erfolgen.

- Die Kündigung muß den gesetzlichen bzw. vertraglich vereinbarten Fristen entsprechen. Es ist also § 565 BGB maßgebend.

- Der Vermieter muß dem Mieter eine angemessene Herabsetzung der Miete zugestehen, da ja die ursprünglich vertraglich vermietete Fläche geringer wird, auch wenn es sich nur um Nebenräume oder -flächen handelt. Der Anspruch des Mieters auf **Herabsetzung der Miete** tritt übrigens nicht automatisch ein (wie z. B. die Mietminderung nach § 537 BGB). Vielmehr müssen die Vertragsparteien durch eine Vertragsänderung den Mietzins erneut festlegen. Bis dahin überbezahlte Beträge kann der Mieter zurückverlangen, allerdings steht ihm hierbei kein Zurückbehaltungsrecht zu.

- Keine Teilkündigung möglich

Für ein berechtigtes Interesse i.S.d. § 564 b Absatz 2 BGB muß es sich also um einen Nebenraum handeln, der außerhalb der Wohnung liegt und bislang nicht zum Wohnen bestimmt war. Da die Betonung auf den Begriff „Wohnung" liegt, kann festgehalten werden, daß Mietverträge über **Geschäftsräume** von Teilkündigungen nicht betroffen sein können.

Ebenso bei **Mischmietverhältnissen**, wenn der Vertragsschwerpunkt nicht auf der Überlassung von Wohnraum liegt. Letzteres ist z. B. der Fall, wenn jemand Räumlichkeiten in einer Größe von 80 Quadratmeter anmietet, wovon lediglich ein kleines Zimmer von 15 Quadratmeter zum Wohnen bestimmt ist. Grundsätzlich sind bei derartigen Mietverhältnissen die Wohnraumschutzvorschriften nur dann einschlägig, wenn die geschäftliche Nutzung weniger als 50 % der Räumlichkeiten in Anspruch nimmt.

Eine Teilkündigung ist aber auch ausgeschlossen bei einem **befristeten Mietverhältnis** während der vertraglich vereinbarten Mietzeit.

Ebenfalls ist es unzulässig, wenn Ihnen als Mieter gestattet wurde, die Nebenräume zu Wohnzwecken zu nutzen. Dies kann einmal durch eine vertragliche Vereinbarung der Fall sein oder in dem der Vermieter in Kenntnis des Mietverhältnisses dieses geduldet hat.

Der Vermieter ist verpflichtet, seine Absicht zum Ausbau des Nebenraumes zu Wohnraum konsequent zu verfolgen; d. h. er muß nach der Räumung den Ausbau in Angriff nehmen und die Absicht der Vermietung in die Tat umsetzen. Damit sind auch bloße **Vorratskündigungen** unzulässig (vgl. BVerfG NJW 1990, Seite 3259).

Als Mieter ist es sinnvoll, auf der Vorlage der notwendigen **Baugenehmigung** für den Ausbau zu bestehen, da der Vermieter die konkreten (Um-)Bauabsichten hinsichtlich der betroffenen Nebenräume sowie die Zulässigkeit der baulichen Änderung in erkennbarer Weise mitteilen muß und er dadurch in Zugzwang gerät. Als Mieter haben Sie zudem die Möglichkeit einer solchen Teilkündigung zu widersprechen, was allerdings nur dann erfolgversprechend sein kann, wenn Sie auf den Nebenraum besonders dringend angewiesen sind. Das ist regelmä-ßig nicht der Fall, wenn Ihnen der Vermieter z. B. einen annehmbaren Ersatzraum zur Verfügung stellt.

Sollten sich die Bauarbeiten verzögern, so können Sie als Mieter die Verlängerung des Mietvertrages um einen entsprechenden Zeitraum verlangen (§ 564 B Absatz 2 Nr. 4 Satz 4 BGB). Unter Umständen kann das auch bedeuten, daß sich das Vertragsverhältnis auf unbestimmte Zeit verlängert, wenn noch nicht feststeht, wann der Ausbau beginnt. In diesem Fall müssen Sie nicht vom weiteren Bestand der Kündigung ausgehen und der Vermieter muß sie wiederholen. Als Mieter bleiben Ihnen von allem abgesehen auch in diesem Fall die Rechte nach der Sozialklausel (§ 556 BGB).

Abschließend ist noch darauf hinzuweisen, daß eine Teilkündigung den allgemeinen **Formerfordernissen einer Kündigung** entsprechen muß.


## Die Kündigung in Zwei- und Dreifamilienhäusern sowie Einliegerwohnungen (§ 564 b Absatz 4 BGB)

Bewohnt der Vermieter selbst eine der beiden Wohnungen in einen Zweifamilienhaus (vgl. § 564 b Absatz 4 Nr. 1 BGB), so kann er das Mietverhältnis ohne Angabe eines Kündigungsgrundes kündigen.

Grund für diese Ausnahme von dem Erfordernis der Angabe eines Kündigungsgrundes ist der besonders enge persönliche Kontakt zwischen Mieter und Vermieter. Für Sie als Mieter verlängert sich allerdings bei einer solchen Kündigung die gesetzliche Kündigungsfrist um drei Monate. Der Vermieter ist verpflichtet, in dem Kündigungsschreiben anzugeben, daß er das Mietverhältnis ohne besonderen Grund auflöst (§ 564 b Absatz 4, Satz 4 BGB). Kündigt er aus einem anderen Grund, so muß dies dem Kündigungsschreiben klar zu entnehmen sein.

Unabhängig davon besteht auch im Falle einer berechtigten derartigen Kündigung die Möglichkeit für den Mieter, der Kündigung zu widersprechen und die Fortsetzung des Mietverhältnisses zu verlangen (§ 556 a BGB).

Die Möglichkeit der Kündigung von Einliegerwohnungen besteht seit Mai 1990 auch dann, wenn der Vermieter eine Wohnung eines Dreifamilienhauses selbst bewohnt. Es entscheidet hierbei die Einheitlichkeit des Gebäudes, so daß Reihen- oder Doppelhäuser mehrere Wohngebäude bilden. Unerheblich ist hingegen, ob bei Vorliegen eines einheitlichen Gebäudes diese Wohnungen einen gemeinsamen Hauseingang haben oder jeweils gesondert zu erreichen sind. Der Vermieter muß zudem selbst eine Wohnung des gemeinsamen Hauses – wenn auch nicht ständig – bewohnen. Vermieter kann demzufolge nur eine natürliche Person sein, da eine juristische Person (GmbH usw.) nicht „wohnen" kann. Der Vermieter muß sodann lediglich die zweite und/oder dritte Wohnung im Zeitraum zwischen dem 31. Mai 1990 und dem 1. Juni 1995 fertiggestellt haben und den Mieter bei Abschluß des Mietvertrages auf diese Möglichkeit zur Sonderkündigung hingewiesen haben (§ 564 b Absatz 4 Satz 2 BGB). Letzteres ist in der Regel nicht der Fall, weshalb es dann bei den normalen Kündigungsvoraussetzungen bleibt. Fertigstellung heißt in diesem Zusammenhang, daß die Wohnung bezugsfertig war.

## Berechtigtes Mieterhöhungsverlangen des Vermieters (§ 9 Absatz 1 MHG)

Wird Ihnen als Mieter eine Mieterhöhung nach §§ 2, 3, 5 bis 7 MHG – d. h. Erhöhung auf die ortsübliche Vergleichsmiete, wegen gestiegener Kapitalkosten usw. – angekündigt, so steht Ihnen außer der Möglichkeit, dieser entweder zuzustimmen oder eine gerichtliche Auseinandersetzung in die Wege zu leiten, noch die Alternative der Kündigung offen. Es mag verwundern, daß dieser Punkt im Rahmen dieses Ratgebers Bedeutung findet, da es ja eigentlich um die Mieterhöhung geht. Es ist jedoch so, daß sich im Falle einer derartigen Mieterhöhung für den Mieter eine Möglichkeit ergibt, eine ansonsten eventuell schon recht lange Kündigungsfrist aufgrund eines bereits lange Zeit bestehenden Mietverhältnisses zu umgehen.

Es handelt sich dabei um eine außerordentliche, aber befristete Kündigung. Sie können nämlich von einem Sonderrecht Gebrauch machen und das Mietverhältnis unabhängig von der gesetzlichen Frist bis zum Ablauf des zweiten Monats, der auf den Zugang des Erhöhungsverlangen folgt, für den Ablauf des übernächsten Monats kündigen (§ 9 Absatz 1 Satz 1 MHG). Kündigen Sie in diesem Kündigungszeitraum von fast drei Monaten, so müssen Sie für die verbleibende Zeit keinen erhöhten Mietzins zahlen (§ 9 Absatz 1 Satz 3 MHG). Die geltend gemachte Mieterhöhung kommt also für Sie nicht mehr zum Tragen.

Das Gesetz sieht weitere derartige Sonderkündigungsrechte vor, wenn eine Mieterhöhung mit Modernisierungsarbeiten oder gestiegenen Betriebs- oder Kapitalkosten begründet wird. In all diesen Fällen sind Sie berechtigt, das Mietverhältnis spätestens am dritten Werktag des Monats, von dem an die Miete erhöht werden soll, für den Ablauf des übernächsten Monats zu kündigen (§ 9 Absatz 1 Satz 2 MHG).

## Staffelmietverträge (§ 10 Absatz 2 MHG)

Eine Beschränkung des Kündigungsrechts des Mieters ist unwirksam, soweit sie sich auf einen Zeitraum von mehr als vier Jahren seit Abschluß der Vereinbarung erstreckt (vgl. § 10 Absatz 2 Satz 6 MHG). Daraus folgt, daß weitergehende Einschränkungen unwirksam sind, der Mieter nach Ablauf einer Mietzeit von vier Jahren zur Kündigung unter Einhaltung der gesetzlich vorgeschriebenen Frist berechtigt ist, unabhängig davon, was im Vertrag steht.

## Die Verweigerung der Erlaubnis zur Untervermietung
## (§ 549 Absatz 1 Satz 2 BGB)

Als Mieter sind Sie ohne Erlaubnis des Vermieters grundsätzlich nicht berechtigt, den Gebrauch der vermieteten Sache einem Dritten zu überlassen, insbesondere die Räumlichkeiten weiterzuvermieten (§ 549 Absatz 1, Satz 1 BGB). Um weitervermieten zu dürfen, müssen Sie sich vom Vermieter dazu zuvor die Erlaubnis holen. Setzen Sie sich eigenmächtig über diese Verpflichtung hinweg, brauchen Sie sich nicht zu wundern, wenn der Vermieter die Untervermietung anschließend nicht erlaubt. Verweigert der Vermieter die Erlaubnis allerdings, ohne daß in der Person des Dritten ein wichtiger Grund vorliegt, dann haben Sie ein Sonderrecht zur Kündigung. In diesem Fall sind Sie immer berechtigt, den Mietvertrag unter Einhaltung einer Frist von drei Monaten zu kündigen, wobei sie jedoch für den ersten zulässigen Termin erfolgen muß (§ 549 Absatz 1 Satz 2 BGB). Ihr Sonderkündigungsrecht entfällt aber, wenn der Vermieter einen wichtigen Grund hat, die Untervermietung abzulehnen. Ein solcher muß in den persönlichen Verhältnissen des Untermieters begründet sein und entsprechend dargelegt werden.

Lauten die **Ablehnungsgründe** dahingehend, daß dem Vermieter die Überlassung nicht zugemutet werden kann, weil z. B. der künftige Untermieter ein Drogendealer oder ein stadtbekannter Krimineller ist, so liegt ein wichtiger Grund zur Versagung der Berechtigung zur Untervermietung vor. Ebenso, wenn die zukünftige Untervermietung zu einer Überbelegung der Wohnung und damit zu einer größeren Abnutzung der Wohnung führen würde oder aber durch den Einzug der Hausfrieden der Hausgemeinschaft gestört würde. Die Befürchtung des Vermieters der Untermieter sei nicht zahlungsfähig, ist für sich gesehen kein wichtiger Grund, da allein der Mieter für die Zahlung des Mietzinses haftet. Die **Zustimmungsverweigerung** aus rein persönlichen Gründen, etwa weil der zukünftige Untermieter „langhaarig" ist, ist unzulässig.

Der Vermieter muß jedoch beachten, daß Sie sogar einen Anspruch auf die zu erteilende Erlaubnis haben können, nämlich
dann, wenn es sich bei dem Mietverhältnis um Wohnraum handelt und Sie an der Untervermietung ein berechtigtes Interesse
haben (§ 549 Absatz 2 Satz 1 BGB) oder die Verweigerung der
Erlaubnis gegen **Treu und Glauben** verstoßen würde. Dieser
Anspruch im Rahmen eines Wohnraummietverhältnisses kann
auch nicht durch vertragliche Vereinbarung zwischen den Parteien ausgeschlossen werden. Derartige Klauseln sind unwirksam (§ 549 Absatz 2 Satz 3 BGB). Ein berechtigtes Interesse ist
z. B. gegeben, wenn Sie Ihre Lebensgefährtin oder Ihren Lebensgefährten aufnehmen möchten oder untervermieten müssen, weil Sie arbeitslos geworden sind und auf die Mieteinnahmen angewiesen sind.

Ist nach dem Tod des Ehemannes die Mieterin aus finanziellen
Gründen auf die Untervermietung eines Teiles der Wohnung
angewiesen, so kann die Untervermietungserlaubnis auch nicht
deswegen vom Vermieter verweigert werden, weil er den Verkauf der vermieteten Wohnung beabsichtigt (vgl. LG Hamburg
WuM 1994, Seite 203).

Ein Vermieter darf die Erlaubnis zur Untervermietung nicht
versagen, wenn der Mieter auf diese Weise seine Wohnung
während eines längeren beruflichen Aufenthaltes im Ausland
bis zu seiner Rückkehr betreuen lassen will. Dies gilt allerdings
nur dann, wenn der Untermieter die Wohnung nicht insgesamt
zum selbständigen Gebrauch erhalten soll, sie also z. B. mö-
bliert anmietet (vgl. LG Berlin NJW-RR 1994, Seite 1289).


**Kündigung wegen Modernisierung und Verbesserung
(§ 541 b Absatz 2 Satz 2 BGB)**

Es besteht grundsätzlich die Verpflichtung des Mieters, Maßnahmen zur Vebesserung gemieteter Räumlichkeiten oder zur
Einsparung von Heizenergie innerhalb bestimmter in § 541 b

BGB festgelegter Grenzen zu dulden. Diese Pflicht besteht aber nur dann, wenn der Vermieter in formell ordnungsgemäßer Art und Weise die Art, den Umfang und den Beginn der Maßnahmen angekündigt und die zu erwartende Mieterhöhung schriftlich rechtzeitig mitgeteilt hat.

Der Verpflichtung zur Übernahme der sich daraus ergebenden Mieterhöhung kann der Mieter jedoch dadurch umgehen, daß er das Mietverhältnis bis zum Ablauf des Monats, der auf den Zugang der Mitteilung folgt, zum Ablauf des nächsten Monats, kündigt (§ 541 b Absatz 2 Satz 3 BGB). Wenn er von diesem Kündigungsrecht Gebrauch macht, hat der Vermieter die Maßnahmen so lange zu unterlassen. Die Kündigung des Mieters ist zeitlich begrenzt und muß dem Vermieter bis zum Ablauf des Monats zugehen, der auf den Zugang der Mitteilung in bezug auf die Durchführung der Maßnahmen folgt.

Macht der Mieter hiervon nicht Gebrauch und werden die Maßnahmen durchgeführt, so stehen ihm nach Erledigung der Arbeiten und bei Erhöhung der Miete immer noch die Möglichkeiten nach § 9 Absatz 1 MHG offen.


**Dauer des Mietvertrages mehr als 30 Jahre (§ 567 BGB)**

Wenn ein Mietvertrag mit einer Dauer von mehr als 30 Jahren geschlossen wird, kann nach Ablauf dieser Zeit jede Partei unter Einhaltung der gesetzlichen Frist kündigen (§ 567 Satz 1 BGB). Diese Vorschrift gilt für alle Arten von Mietverträgen und soll den Eintritt unübersehbarer Folgen einer langfristigen Vermietung verhindern. Es gelten die allgemeinen Kündigungsvoraussetzungen, wobei die Ausübung des Rechts an keine Erklärungsfrist gebunden ist. Maßgeblich sind nur die einzuhaltenden Kündigungsfristen.

## Lehrer, Militärpersonen, Beamte, Geistliche (§ 570 Satz 1 BGB)

Millitärpersonen, Beamte, Geistliche und Lehrer können im Falle Ihrer Versetzung den Mietvertrag unter Einhaltung der gesetzlich vorgeschriebenen Mindestfrist von drei Monaten kündigen (§ 570 Satz 1 BGB). Da die Kündigung nur für den ersten Termin erfolgen kann, für den Sie zulässig ist (vgl. § 570 Satz 2 BGB) muß sofort nach den amtlichen Zugang der Versetzungsanordnung die Kündigung gegenüber dem Vermieter erklärt werden, da man sich andernfalls an die normalen Kündigungsfristen zu halten hat. Auf den mit der erstmaligen Berufung in das Beamtenverhältnis verbundenen Ortswechsel ist § 570 BGB jedoch nicht anzuwenden (vgl. OLG Hamm – RE – 1985, Seite 213).

Der Ehegatte als Mitmieter ist in gleichem Umfange zur Ausübung des diesbezüglichen Kündigungsrechtes berechtigt, wenn bei dem anderen Ehegatten die Voraussetzungen des § 570 BGB vorliegen (vgl. AG Köln WuM 1992, Seite 194). Zu beachten ist, daß sich § 570 BGB nicht nur auf Wohnräume, sondern auf Räume jeder Art bezieht.

**Praxis-Tip:**

Die Kündigung hat – wie in jedem Fall – auch hier schriftlich zu erfolgen, wobei Sie als Mieter am besten gleich eine Abschrift der Versetzungsanordnung beifügen, um ihr Begehren zu belegen.

### Der Tod des Mieters (§ 569 BGB)

Stirbt der Mieter, dann steht ein Sonderkündigungsrecht nicht nur dessen Erben, sondern auch dem Vermieter zu. Die Möglichkeit für den Vermieter auch zu kündigen, trägt dem Umstand Rechnung, daß der Vermieter die Räume regelmäßig nur einer bestimmten Person überlassen will und der Erbe die Wohnung häufig gar nicht benötigt. Die Möglichkeit steht dem Vermieter aber mit geringfügigen Ausnahmen nur dann zu, wenn er ein berechtigtes Interesse nachweisen kann. Sie ist für ihn ausgeschlossen, wenn und soweit der Ehegatte und/oder andere Angehörige in das Mietverhältnis einzutreten beabsichtigen (§ 569 Absatz 2 BGB).

Auch hier ist der erste mögliche Termin zu dem gekündigt werden kann die einzige Kündigungsmöglichkeit. Entscheidend für die dreimonatige Mindestkündigungsfrist ist die Kenntnis vom Tod des Mieters und die Erbfolge. Die Unterlassung der Ausübung des Sonderkündigungsrechts gemäß § 569 Absatz 1 BGB als Anknüpfungspunkt für eine Erbeneigenverbindlichkeit setzt die sichere Kenntnis des Erben von seiner Erbenstellung voraus (vgl. OLG Düsseldorf DWW 1994, Seite 48). Nach Ablauf dieser Möglichkeit bleiben dem Vermieter lediglich die „normalen" Kündigungsgründe.

### Erwerb durch Zwangsversteigerung (§ 57 a ZVG)

Wird ein vermietetes Haus zwangsversteigert, so tritt der Erwerber automatisch in die bestehenden Mietverträge ein. Er kann den Mietvertrag mit einer Kündigungsfrist von drei Monaten zum ersten zulässigen Termin kündigen (§ 57 a Absatz 1 Satz 2 ZVG). Nach dem Urteil des BayObLG muß er ein berechtigtes Interesse geltend machen, denn auch ein **Zuschlag** des Wohnungseigentums im Wege der Zwangsversteigerung ist als Veräußerung im Sinne des § 564 b Absatz 2 Nr 2 Satz 2 BGB anzusehen. Die dieser Regelung innewohnende Einschränkung der Möglichkeit der Kündigung wegen Eigenbedarfs ist auch dann zu beachten, wenn der Mietvertrag gemäß § 57 a ZVG unter Einhaltung der gesetzlichen Frist gekündigt wird (vgl. BayObLG – RE -WuM 1992, Seite 424).

## Kündigungsschutz bei Ferienwohnungen
## (§ 564 b Absatz 6 Nr. 4 BGB)

Seit dem 1. Juni 1990 besteht für den Vermieter einer Ferienwohnung oder eines Ferienhauses die Möglichkeit, dieses Vertragsverhältnis zu kündigen, ohne daß er dafür einen bestimmten Grund benötigt. Voraussetzung ist allerdings, daß das Haus bzw. die Wohnung vor dem 1. Juni 1995 vermietet wurde. Dies gilt für den Fall, daß die Ferienwohnung dazu dient, den allgemeinen Wohnbedarf des Mieters zu befriedigen, denn sofern es sich lediglich um eine Ferienanmietung handelt, besteht ja ohnehin kein Kündigungsschutz.

Dabei handelt es sich dann um ein Ferienhaus, wenn es nach seiner Lage, Ausstattung, Größe, Erschließung und Versorgung für den Erholungsaufenthalt geeignet und bestimmt ist, hauptsächlich einem wechselnden Personenkreis zur Erholung zu dienen, dies gilt auch für Ferienwohnungen. Außerdem muß es sich in einem extra für Ferienhäuser ausgewiesenen Gebiet (im Bebauungsplan) befinden. Der Vermieter ist verpflichtet entweder vor oder wenigstens bei Vertragsschluß darauf hinzuweisen, daß diese entsprechende Zweckbestimmung des Hauses vorliegt und deshalb der Kündigungsschutz des Mieters ausgeschlossen ist.

Ein derartiges Mietverhältnis hat für den Mieter regelmäßig schlimme Folgen, über die er sich schon vor dem Abschluß Gedanken machen sollte. Zwar hat die Kündigung des Vermieters auch schriftlich zu erfolgen, doch bedarf es hierzu keiner Begründung. Der Mieter hat außerdem kein Recht, der Kündigung zu widersprechen und eine Fortsetzung des Vertrages zu verlangen. Auch wird ihm in einem Räumungsprozeß gerichtlich keine besondere Räumungsfrist zugestanden.

### Erlöschen eines Nießbrauchs (§ 1056 Absatz 2 Satz 1 BGB)

Wenn ein Nießbraucher ein Grundstück über die Dauer seines Rechts hinaus vermietet, so tritt nach Beendigung des Nießbrauchs der Grundstückseigentümer in das Mietverhältnis und die entsprechenden Rechte und Pflichten ein (§ 1056 Absatz 1 i.V.m. § 571 BGB). Dies verhindert, daß der Mieter nach Ablauf des Nießbrauchs plötzlich schutzlos gestellt wird. Dies gilt grundsätzlich auch für Mietverträge über Räume. Bei Wohnraum ist jedoch § 564 a BGB zu beachten, wonach die Kündigung schriftlich und unter Hinweis auf die Widerspruchsmöglichkeit zu erfolgen hat. Der Mieter darf sich zudem auf die Sozialklausel berufen.

Der Eigentümer, der auf diese Weise in die Vermieterstellung einrückt, kann das Mietverhältnis unter Einhaltung der gesetzlichen Kündigungsfrist kündigen und es somit vorzeitig beenden (§ 1056 Absatz 2 Satz 1 BGB). Maßgebliche Kündigungsfrist ist die des § 565 Absatz 5 BGB (siehe insbesondere folgende Seiten). Die Ausübung dieses Kündigungsrechts ist nicht an eine bestimmte Frist gebunden, jedoch kann der Mieter durch Setzen einer angemessenen Erklärungsfrist Klarheit über den Fortbestand des Mietverhältnisses schaffen.

# Kündigungsfristen (§ 565 BGB)

Wird ein Mietverhältnis über Wohnraum gekündigt, müssen sowohl der Mieter als auch der Vermieter bestimmte Fristen beachten. Eine Kündigung wird nicht von heute auf morgen wirksam, vielmehr muß die gesetzliche Kündigungsfrist des BGB (§ 565 BGB) eingehalten werden. Diese richtet sich nach der Länge der Mietdauer, die bei Zugang der Kündigung vorliegt. Eine weit verbreitete Ansicht, daß der Mieter von der Einhaltung der Kündigungsfrist grundsätzlich befreit ist und demzufolge „von heute auf morgen" ausziehen könne, ist nicht richtig. Zieht der Mieter dennoch vorzeitig aus, so bleibt er zur Zahlung des Mietzinses bis zum Ablauf der Kündigungsfrist weiterhin verpflichtet. Dies gilt nur in Ausnahmefällen nicht. So z. B., wenn es sich um eine besonders lange Kündigungsfrist handelt, der Mieter diese aufgrund seiner finanziellen Lage nicht einhalten kann und der Vermieter sich nicht angemessen um einen baldigen Nachfolger für das Mietverhältnis kümmert. Es kommt in diesem Zusammenhang jedoch stark auf den Einzelfall an, so daß der Mieter nicht grundsätzlich darauf vertrauen kann, nach einer gewissen **Karenzzeit** von der Mietzahlung befreit zu sein. Er bleibt es auch in einem solchen Fall, wenn der Vermieter nachweisen kann, alles für ihn mögliche bei der Suche nach einem neuen Mieter getan zu haben, ohne hierbei den nötigen Erfolg zu erzielen.

Zurück zur Mietdauer, an der sich die einschlägige Kündigungsfrist zu orientieren hat. Die Mietdauer umfaßt den Zeitraum vom Tag der Wohnungsübergabe (= Tag der Schlüsselübergabe) bis zum Tag des Zugangs des Kündigungsschreibens. Eine Vereinbarung, wonach die Kündigung nur für den Schluß bestimmter Kalendermonate zulässig sein soll, ist unwirksam (§ 565 Absatz 2 Satz 4 BGB).

Eine Kündigung muß, wenn es sich um ein Mietverhältnis handelt, bei dem der Mietzins nach Monaten oder längeren Zeitabschnitten bemessen wird, spätestens am dritten Werktag eines Kalendermonats, für den Ablauf des übernächsten Monats erfolgen (§ 565 Absatz 1 Nr. 3 BGB). Dies ist der Fall bei angemieteten Räumlichkeiten. Umstritten ist in diesem Zusammenhang, ob der Sonnabend auch als Werktag zählt oder nicht. Gehen Sie im Zweifelsfall jedoch lieber davon aus, denn dann sind Sie vor Rechtsnachteilen geschützt. Nach fünf, acht und zehn Jahren seit Beginn der Mietdauer verlängert sich die Kündigungsfrist um jeweils drei Monate (§ 565 Absatz 2 Satz 1 und 2 BGB). Sie betragen also bei:

- **bis zu fünf Jahren** Dauer des Mietverhältnisses: **drei** Monate

- **bei mehr als fünf Jahren** Dauer des Mietverhältnisses: **sechs** Monate

- **bei mehr als acht Jahren** Dauer des Mietverhältnisses: **neun** Monate

- **bei mehr als zehn Jahren** Dauer des Mietverhältnisses: **zwölf** Monate

*Beispiel:*

Dauert ein Mietverhältnis erst drei Jahre und wird zum 30. November 1995 gekündigt, so muß die Kündigung spätestens am 3. September 1995 zugegangen sein. Würde sie erst einen Tag später, am 4. September, zugehen, so wäre die Kündigung zum 30. November 1995 unwirksam. Die Kündigung wäre dadurch jedoch nicht wirkungslos, denn sie kann zum nächsten zulässigen Termin umgedeutet werden, was bedeutet, daß sich der Kündigungstermin und damit der Tag, an dem die Wohnung zurückzugeben ist, um einen weiteren Monat – auf den 31. Dezember 1995 – verlängert. Daher ist es außerordentlich wichtig, daß der Kündigende den Zeitpunkt des Zugangs der Kündigungserklärung beweisen kann. In diesem Zusammenhang ist nochmals darauf hinzuweisen, daß nicht der letzte Tag der Frist abgewartet werden sollte, da sich immer wieder etwas Unvorhergesehenes ergeben kann.

**Ausnahmen gelten jedoch für bestimmte Mietverhältnisse:**

- Wenn es sich um ein Mietverhältnis handelt, bei dem der Mietzins nach Tagen bemessen wird, kann an jedem Tag für den Ablauf des nächsten Tages gekündigt werden (§ 565 Absatz 1 Nr. 1 BGB).

- Bei einem nach Wochen zu bemessenden Mietzins ist die Kündigung spätestens am ersten Werktag der Woche zum Ablauf des folgenden Sonnabends zulässig (§ 565 Absatz 1 Nr. 2 BGB). Ist der erste Werktag der Woche ein Dienstag, so kann die Kündigungsfrist erheblich verkürzt sein.

Dabei muß aber zum Schutze des Mieters differenziert werden: Bei Vermietung von Wohnraum können kürzere Fristen für den Vermieter nur dann vereinbart werden, wenn der Wohnraum nur zum **vorübergehenden Gebrauch** vermietet ist (§ 565 Absatz 2, Satz 3 BGB). Liegt wie im Regelfall kein nur vorübergehender Gebrauch der Mietsache vor, so verstößt die Vereinbarung einer kürzeren Kündigungsfrist für den Vermieter gegen § 134 BGB und ist unwirksam. Für die Kündigung des Vermieters gilt zudem, daß er immer die gesetzliche Frist einhalten muß, aber eine längere vereinbaren kann. Für den Mieter kann dagegen vereinbart werden, daß er lediglich eine kürzere Frist im Rahmen seiner erklärten Kündigung zu beachten hat, denn für ihn kann es von Vorteil sein, bei Bedarf möglichst schnell aus dem Mietvertrag herauszukommen.

Werden jedoch derartige Fristverlängerungen oder -verkürzungen vereinbart, ist auf jeden Fall anzuraten, dies im Mietvertrag schriftlich festzuhalten. Denn derjenige, der sich auf eine ihm vorteilhafte Regelung beruft, muß auch deren Vorliegen nachweisen können.

Neu ist die Regelung, daß bei einem Mietverhältnis über Geschäftsräume die Kündigung spätestens am dritten Werktag eines Kalendervierteljahres für den Ablauf des nächsten **Kalendervierteljahres** zulässig ist (§ 565 Absatz 1a BGB). Diese mit dem 1. Januar 1994 eingefügte Vorschrift soll den Mieter von Geschäftsräumen durch eine praktisch auf sechs Monate verlängerte Kündigungsfrist schützen. Allerdings kann sich dies leicht auch einmal in das Gegenteil wenden, da der Mieter bei Versäumen der Frist um wenige Tage eine Bindung von nahezu neun Monaten hinnehmen muß. Es kann in diesem Zusammenhang nur zum 31. März, 30. Juni, 30. September und zum 31. Dezember mit jeweils sechs Monaten abzüglich der Karenzzeit von drei Werktagen gekündigt werden.

Zu beachten ist jedoch, daß diese Vorschrift jederzeit übereinstimmend im Rahmen des Mietvertrages abbedungen werden kann. Es besteht insoweit Vertragsfreiheit.

# Der Kündigungswiderspruch des Mieters

Auch im Falle einer grundsätzlich wirksamen Kündigung seitens des Vermieters besteht für Sie als Mieter noch die Möglichkeit, Ihren Auszug aus der Wohnung zu dem vom Vermieter angestrebten Termin abzuwenden. Das Gesetz sieht eine sog. **Sozialklausel** vor, die für Sie das Recht beinhaltet, der Kündigung des Vermieters zu widersprechen, wenn diese für Sie oder Ihre Familienangehörigen eine derartige Härte darstellen würde, daß die Kündigung auch unter Berücksichtigung der berechtigten Interessen des Vermieters an der Kündigung nicht zu rechtfertigen wären (§ 556 a Absatz 1 Satz 1 BGB).

In diesem Fall ist eine umfassende Abwägung zwischen dem Interesse des Vermieters an der Beendigung des Mietvertrages auf der einen Seite und Ihren Interesse an dessen Fortsetzung des Mietverhältnisses auf der anderen Seite vorzunehmen.

Dieses Recht steht Ihnen jedoch dann nicht zu, wenn der Vermieter den Mietvertrag zu Recht fristlos gekündigt hat, denn in diesem Fall haben Sie die Auflösung des Vertragsverhältnisses letztlich selbst zu verantworten. Dies gilt auch für den Fall, daß Sie selbst den Vertrag gekündigt haben (vgl. § 556 a Absatz 4 Nr. 1 und 2 BGB). Zudem entfällt dieser Anspruch für Sie als Mieter dann, wenn:

- Sie eine Wohnung nur zum vorübergehenden Gebrauch gemietet haben.

- es sich um ein möbliertes Zimmer handelt, das ein Teil der von Ihnen selbst bewohnten Wohnung ist.

- es sich um einen gewerblichen Mietvertrag handelt.

**Der Begriff der „Härte"**

Die schon erwähnte „Härte" muß bei Ihnen selbst oder Ihrer Familie vorliegen. Unter den Begriff „Familie" fallen nur Angehörige, die mit Ihnen zusammen wohnen, aber nicht Ihr nichtehelicher Lebenspartner. Andere mit dem Mieter in der Wohnung zusammenlebende Personen sind also nicht in diese Vorschrift einbezogen. Es muß eine Bindung durch Ehe, Verwandtschaft oder zumindest Schwägerschaft vorliegen. Wenn aber mehrere Personen Mieter sind und in den Schutzbereich dieser Vorschrift fallen, dann ist es ausreichend, wenn bei einem von ihnen die Härtegründe vorliegen.

Ob nun für Sie eine nicht zu rechtfertigende „Härte" gegeben ist, hängt letztendlich von den jeweiligen Umständen des Einzelfalles ab, dies läßt sich abstrakt nicht bestimmen. Jedoch ist eine sittenwidrige Härte nicht zu fordern. Sie müssen daher durch Angabe konkreter Tatsachen Ihre als Härtegrund zu berücksichtigenden Interessen darlegen, welche dann mit den als gleichwertig anzusehenden Interessen des Vermieters im Rahmen einer Abwägung gewichtet werden. Folgende Härtegründe werden in der Regel anerkannt:

- die Lage zum ständigen **Arbeitsplatz** oder zur **Schule**; so wenn durch die Kündigung zu einem ungünstigen Zeitpunkt – z.B. vor Schulabschluß – eine Umschulung notwendig wäre

- eine fortgeschrittene **Schwangerschaft** (vgl. LG Dortmund NJW 1966, Seite 2204)

- eine vorhandene oder zu erwartende schwere **Erkrankung** infolge des Umzuges (vgl. AG Biberach WuM 1980, Seite 54)

- die Notwendigkeit eines **Zwischenumzuges** (vgl. AG Tübingen ZMR 1986, Seite 60)

- erhebliche **Investitionen** des Mieters in die Wohnung, die mit Zustimmung des Vermieters vorgenommen wurden und in Zusammenhang damit vereinbarte Abwohnzeiten (vgl. OLG Frankfurt – RE – WuM 1971, Seite 168)

- die **feste Verwurzelung** eines alten Menschen in Haus- und Wohngegend, wenn der Umzug erhebliche nachteilige Auswirkungen auf die Gesundheit des Mieters haben würde (vgl. OLG Karlsruhe – RE – NJW 1970, Seite 1746). Wobei diesbezüglich keine einheitliche Rechtsprechung besteht

- lange **Wohndauer**, z. B. 30 Jahre und mehr

- wenn der Mieter aufgrund seiner **körperlichen Behinderung** auf die Hilfe und Pflege durch die Nachbarschaft angewiesen ist (vgl. AG Stuttgart WuM 1989, Seite 297)

- zu geringes **Einkommen**

Nicht ausreichend als Härtegrund sind aber die notwendig mit dem Umzug verbundenen Nachteile (Telefonkosten, Inserate, Maklerkosten usw.).

Im Gesetz wird das „Fehlen von angemessenem Ersatzwohnraum zu zumutbaren Bedingungen" als besonderer Härtegrund erwähnt (§ 556 a Absatz 1 Satz 2 BGB). Dies gilt insbesondere bei der angespannten Wohnungsmarktsituation in Ballungsgebieten (vgl. AG Stuttgart WuM 1991, Seite 103). Für die Zumutbarkeit können sowohl die persönlichen als auch die wirtschaftlichen Verhältnisse des Mieters stark ausschlaggebend sein.

Angemessen ist der Ersatzwohnraum dann, wenn dessen Bezug dem Mieter im Vergleich mit der bisherigen Wohnung zugemutet werden kann. Geringfügige Abstriche in der Wohnqualität sind hierbei hinzunehmen. Eine wesentliche Verschlechterung jedoch nicht. Trotzdem braucht man sich nicht auf eine Notunterkunft verweisen lassen. Es ist ein Vergleich zwischen dem Ersatzwohnraum und der alten Wohnung anzustellen und auf Zumutbarkeit hin zu prüfen.

Voraussetzung für den Härtegrund des § 556 a Absatz 1 Satz 2 BGB ist allerdings, daß Sie nicht einfach behaupten, Sie hätten keinen Ersatzwohnraum gefunden. Sie müssen sich nach Erhalt der Kündigung intensiv um eine neue Wohnung bemühen, d. h. einen Makler beauftragen oder diverse Zeitungsannoncen aufgeben o. ä.

Es empfiehlt sich, daß Sie die Belege und Rechnungen als Nachweis für Ihre Bemühungen, eine andere Wohnung zu bekommen, aufheben, denn wenn der Vermieter den vorgebrachten Härtegrund nicht anerkennt und auf Räumung der Wohnung klagt, können Sie diese gegebenenfalls im Prozeß vorlegen.

In Anbetracht der derzeitigen Wohnungsmarktsituation wird dieses Problem momentan im größten Teil Deutschlands zu finden sein, wenngleich sich die Wohnungsmarktsituation zumindest in den Randgebieten bereits nach und nach entspannt.

Die Angemessenheit kann sich aber auch auf die wirtschaftliche Leistungsfähigkeit des Mieters beziehen, wobei jedoch zu beachten ist, daß auf seiten des Mieters die Möglichkeit von Wohngeldbezug entsprechend berücksichtigt werden muß.

In diesem Zusammenhang ist nochmals darauf hinzuweisen, daß dem Mieter im Rahmen einer Verurteilung zur Räumung eine Räumungsfrist nach § 721 ZPO gewährt werden kann. Diese ist jedoch nicht geeignet, die dem Mieter zustehenden Härtegründe aus dem Weg zu räumen (vgl. OLG Stuttgart – RE – NJW 1969, Seite 240).

## Interessenabwägung

Legen Sie als Mieter unter Anführung eines Härtegrundes Widerspruch ein, so werden Ihre und die Belange des Vermieters als von vornherein gleichwertig angesehen (vgl. LG Hannover WuM 1992, Seite 609). Es erfolgt eine Interessenabwägung, bei der ermittelt werden soll, ob Ihr Interesse an der Fortsetzung oder das Interesse des Vermieters an der Beendigung des Vertrages stärker ist. Entscheidend für die Gewichtung ist der Einzelfall. Im Gegensatz zum Vermieter können Sie auch im Räumungsprozeß noch weitere Härtegründe nachschieben (vgl. LG Wiesbaden WuM 1988, Seite 269).

Der Vermieter hingegen ist mal wieder auf die Gründe beschränkt, die er im Rahmen des Kündigungsschreibens angegeben hat, es sei denn, die Gründe wären nachträglich entstanden.

Läßt sich jedoch ein Übergewicht der Gründe des Mieters für die Fortsetzung des Mietverhältnisses nicht feststellen, so kann er die Fortsetzung nicht verlangen (vgl. LG Berlin WuM 1990, Seite 504).


## Formen und Fristen des Kündigungswiderspruchs

Bei der Berufung auf die Sozialklausel sind bestimmte Formen und Fristen zu beachten. Wann der Widerspruch von Ihnen als Mieter einzulegen ist, hängt hauptsächlich vom Vermieter ab, denn er soll Sie auf die Möglichkeit des Widerspruchs nach § 556 a BGB sowie auf die Form und Frist des Widerspruchs rechtzeitig hinweisen (vgl. § 564 a Absatz 2 BGB).

Ihr Kündigungswiderspruch und das Fortsetzungsverlangen muß spätestens zwei Monate vor Beendigung des Mietverhältnisses dem Vermieter gegenüber zugegangen sein. Endet das Mietverhältnis z. B. mit Ablauf des 31. August 1995, so muß der Kündigungswiderspruch spätestens am 30. Juni 1995 um 24.00 Uhr zugehen. Für die Einhaltung der Frist wird wiederum auf den Zugang abgestellt, da der Kündigungswiderspruch eine schriftliche, einseitige, empfangsbedürftige Willenserklärung darstellt (§ 130 BGB). Damit Sie beweisen können, daß Sie rechtzeitig von Ihrem Recht Gebrauch gemacht haben, ist anzuraten, die Erklärung per Einschreiben mit Rückschein abzusenden, denn sonst laufen Sie Gefahr, daß Ihr Widerspruch vom Vermieter wegen Verspätung zurückgewiesen wird (vgl. § 556 a Absatz 6 Satz 1 BGB) und Sie die Unrichtigkeit dieser Behauptung nicht darlegen können.

**Praxis-Tip:**

Der Vermieter kann einen an sich verspäteten Widerspruch aber nicht zurückweisen, wenn er es unterlassen hat, Sie gemäß § 564 a Absatz 2 BGB zu belehren. Bei unterlassener Belehrung sind Sie noch im ersten Termin des Räumungsrechtsstreits berechtigt, Ihren diesbezüglichen Widerspruch zu erklären (§ 556 a Absatz 6 Satz 2 BGB). Dann wird der Vermieter wohl den Räumungsrechtsstreit verlieren und den Mietvertrag verlängern müssen. Dies gilt nicht mehr für den Fall, daß Ihnen gegenüber als Mieter bereits ein Versäumnisurteil ergangen ist. Besteht im Falle des Wohnungsverlustes für Sie als Mieter Lebensgefahr, so kann der Mietvertrag sogar auf unbestimmte Zeit verlängert werden (vgl. LG Braunschweig WuM 1990, Seite 152).

Es genügt der erkennbare Wille des Mieters, der Beendigung des Mietverhältnisses zu widersprechen. Auf Verlangen des Vermieters soll der Mieter jedoch über die Gründe des Widerspruchs unverzüglich Auskunft erteilen (§ 556 a Absatz 5 BGB).

Die Auskunft über die Gründe ist lediglich eine Obliegenheit, jedoch keine Pflicht des Mieters. Eine Verletzung dieser Obliegenheit kann aber zu einer ungünstigen Kostenentscheidung im Rahmen einer gerichtlichen Auseinandersetzung führen (§ 93 Absatz 2 ZPO). Wegen § 93 ZPO sollten Sie daher dem Kündi-

gungswiderspruch und Fortsetzungsverlangen die Gründe beifügen.

Abschließend bleibt zu erwähnen, daß die Sozialklausel nie-
mals zu Lasten des Mieters eingeschränkt oder gar im Mietvertrag ausgeschlossen werden kann. Eine derartige Klausel wäre
unwirksam, da es sich bei § 556 a BGB um zwingendes Recht
handelt.

# Außerordentliche Kündigung

**2**

# Formerfordernisse

In Fällen besonders schwerwiegender Verstöße gegen das Mietvertragsverhältnis besteht für den Vermieter und den Mieter die
Möglichkeit, sich ohne Einhaltung einer Kündigungsfrist von
dem Dauerschuldverhältnis zu lösen. Wegen ihrer unmittelba-
ren Wirkung ist die sofortige Beendigung eines Mietvertrages
nur dann berechtigt, wenn einer der gesetzlich vorgeschriebenen Kündigungsgründe vorliegt. Zwar muß der **Kündigungsgrund** in dem Kündigungsschreiben nicht benannt werden,
aber **zum Zeitpunkt der Kündigung vorliegen**. In der Regel
handelt es sich bei der fristlosen Kündigung um so schwerwie-
gende **Vertragsverletzungen** einer Partei, daß das Festhalten
am Vertrag nicht mehr zuzumuten ist. Es muß also stets ein
wichtiger Grund an der Auflösung des Vertrages bestehen.

## Grundsätzliches

Es gelten im allgemeinen die gleichen Anforderungen an die
**Form** wie bei der ordentlichen Kündigung. Im Kündigungsschreiben muß zwar nicht die Formulierung „fristlose Kündigung" verwendet werden, es ist aber in Ihrem eigenen Interesse
von Vorteil, da Sie auf diese Weise mögliche Unklarheiten vermeiden können.

Das Recht zum Ausspruch einer fristlosen Kündigung besteht
nicht unbegrenzt. Es muß immer ein enger zeitlicher Zusammenhang zwischen dem Vertragsverstoß und der erfolgten
Kündigung bestehen. Wartet der zur fristlosen Kündigung Berechtigte mit seiner Erklärung zu lang, so kann dieser Umstand
für sich daran zweifeln lassen, ob die Vertragsverletzung tatsächlich so erheblich war, daß die Zumutbarkeit der Fortset-

zung des Vertrages in keinem Fall gegeben ist (vgl. BGH WPM 1983, Seite 660). Für die Wirksamkeit der fristlosen Kündigung ist hingegen nicht erforderlich, daß diese begründet wird. Es ist jedoch auch in diesem Zusammenhang auf die Wirkungen der Sollvorschrift des § 564 a Absatz 1 Satz 2 BGB zu verweisen.

Wird einer Vertragsseite die Gelegenheit zur fristlosen Kündigung gegeben, kann derjenige, der den Anlaß hierzu gibt, zum **Schadensersatz** verpflichtet sein. Vorausetzung für einen Schadensersatzanspruch ist in jedem Fall eine wirksame außerordentliche Kündigung. Die Ersatzansprüche des Vermieters gehen dabei in der Regel auf Ausgleich des Mietausfalles, welcher sich wiederum auf den Netto-Mietzins bezieht und grundsätzlich zumindest den Zeitraum bis zur nächsten fristgemäßen Beendigung des Vertragsverhältnisses umfaßt (also die normale einzuhaltende Kündigungsfrist). Der Vermieter muß aber zumindest begründen können, daß er im Rahmen der ihm obliegenden Schadensminderungspflicht (§ 254 Absatz 2 BGB) versucht hat, sich um einen Mietnachfolger zu bemühen.

Die Ersatzansprüche des Mieters können sich insbesondere auf den Ausgleich der **Kosten für** die Beschaffung von **Ersatzwohnraum**, des **Umzuges** und der **Renovierung** der notwendigen Ersatzräume beziehen (vgl. BGH WuM 1974, Seite 213). Es kann sogar so weit gehen, daß dem Mieter ein Anspruch auf Ersatz der Differenz der Mietkosten für einen gewissen Zeitraum zusteht, wenn eine gleichwertige Wohnung zu einer gleichwertigen Miete nachweislich nicht zu finden war.


**Abmahnung**

Als Voraussetzung einer fristlosen Kündigung seitens des Vermieters hat jedoch in der Regel (außer im Falle des Zahlungsverzugs) eine sogenannte „Abmahnung" zu erfolgen. In dieser Abmahnung hat er nicht nur die Unterlassung der vertragswidrigen Handlung bis zu einem bestimmten Termin zu verlangen, sondern auch darauf hinweisen, daß er von seinem Recht zur fristlosen Kündigung Gebrauch macht, falls zu dem von ihm gesetzten Zeitpunkt der vertragwidrige Zustand immer noch besteht.

Wird Ihnen als Mieter daraufhin fristlos gekündigt und Ihnen keine Zeit zur Räumung der Wohnung gewährt, ist in diesem Zusammenhang darauf hinzuweisen, daß der Vermieter im Rahmen der ausgesprochenen Kündigung der Fortsetzung des Mietverhältnisses über den Beendigungszeitraum hinaus widerspricht. Tut er das nicht, läuft er Gefahr, daß seiner Kündigung die Basis entzogen wird. Wenn Sie als Mieter ohne Reaktion auf die Kündigung das Mietverhältnis länger als zwei Wochen fortsetzen, bestimmt das Gesetz, daß das Mietverhältnis auf unbestimmte Zeit als verlängert gilt (vgl. § 568 BGB). Es müßte Ihnen also unter Einhaltung der gesetzlichen Kündigungsfrist erneut gekündigt werden.

Nachstehend soll näher auf die einzelnen Kündigungsgründe eingegangen werden.


## Fristlose Kündigung durch den Mieter


Ein Recht zur fristlosen Kündigung steht dem Mieter beispielsweise dann zu, wenn sich die Wohnung oder anderer zum Aufenthalt von Menschen bestimmter Raum in einem Zustand befindet, der für den Mieter oder seine Familienangehörigen eine Gefährdung der Gesundheit darstellt. Andere zum Aufenthalt von Menschen bestimmte Räume sind insbesondere gewerblich gemietete Objekte, z. B. Büros, Werkstätten, Gastwirtschaften, usw. Maßgeblich ist in diesem Zusammenhang immer der vertraglich zu Grunde gelegte **Verwendungszweck**. Nach ihm richtet sich, ob und inwieweit sich Menschen in den Mieträumen aufhalten dürfen und welche Anforderungen daher an die Beschaffenheit zu stellen sind.

## Kündigung wegen Gesundheitsgefährdung (§ 544 BGB)

Vorauszusetzen ist, daß eine Gesundheitsgefährdung konkret drohen und erheblich sein muß. Ausgehen muß diese Gesundheitsgefahr von der Beschaffenheit der Mieträume. Eine solche mangelnde Beschaffenheit der Räume wird z. B. gegeben sein bei:

- überhöhter **Formaldehydkonzentration** (vgl. LG Minden NJW-RR 1991, Seite 975)

- Befall von **Ungeziefer** (vgl. LG Saarbrücken WuM 1991, Seite 91)

- Große **Feuchtigkeit** (vgl. AG Regensburg WuM 1988, Seite 361)

Hervorzuheben ist, daß die Berechtigung zur fristlosen Kündigung auch dann gegeben ist, wenn der Mieter bei Einzug Kenntnis von der **gefahrbringenden Beschaffenheit** der Räume gehabt hat oder sogar auf die Geltendmachung des Rechts zur fristlosen Kündigung verzichtet hat. Dieses Recht verliert der Mieter nur dann, wenn er den Zustand selbst herbeigeführt hat. Der Vermieter muß in diesem Zusammenhang darlegen und beweisen, daß der Mieter den Mangel verschuldet hat.

## Kündigung durch den Mieter wegen Nichtgewährung des Gebrauchs (§ 542 BGB)

Ein Recht zur außerordentlichen Kündigung steht dem Mieter auch dann zu, wenn ihm der vertragsgemäße Gebrauch an der gemieteten Wohnung ganz oder z. T. nicht rechtzeitig gewährt oder wieder entzogen wird (§ 542 Absatz 1 Satz 1 BGB). Eine auf diesen gesetzlichen Grund gestützte Kündigung ist auch vor Überlassung der Räumlichkeiten an den Mieter möglich, wenn feststeht, daß der Vermieter die Mietsache nicht oder nur mangelhaft überlassen wird. Dies muß aber – wie gesagt – feststehen, denn die bloße Befürchtung, daß es zu einer nicht vertragsgemäßen Überlassung kommt, reicht nicht zur Rechtfertigung einer derartigen Kündigung aus (LG Hamburg MDR 1974, Seite 583).

Liegt nur eine unerhebliche Hinderung oder **Vorenthaltung** des Gebrauchs vor, so ist die Kündigung nur zulässig, wenn sie durch ein besonderes Interesse des Mieters gerechtfertigt ist. Das ist insbesondere der Fall, wenn Sie sich bei Vertragsabschluß eine besondere Eigenschaft der Mietsache ausdrücklich haben zusichern lassen. Wann die grundsätzlich erforderliche **Erheblichkeit der Gebrauchsbeeinträchtigung** gegeben ist, bestimmt sich daher in erster Linie nach dem Vertragszweck und ist eine Einzelfallentscheidung.

Ein Grund zur fristlosen Kündigung ist z. B. gegeben bei:

● Ausfall der Heizung bzw. ungenügende Beheizung (vgl. LG Landshut NJW-RR 1986, Seite 640)

● Fluglärm bei einer Ferienwohnung (vgl. AG Jever NJW 1971, Seite 1086)

Wenn dem Mieter vertraglich das Recht zur Untervermietung eingeräumt wurde, der Vermieter der tatsächlichen Untervermietung jedoch anschließend widerspricht (vgl. BGH WPM 1975, Seite 897).

Hervorzuheben ist, daß ein Recht zur Kündigung aus diesem Grund nur dann für den Mieter ausgeschlossen ist, wenn diesen selbst ein Verschulden an der Situation trifft. Nicht erforderlich ist hingegen nachzuweisen, daß den Vermieter ein Verschulden trifft.

Die Kündigung ist jedoch grundsätzlich erst dann zulässig, wenn Sie dem Vermieter eine angemessene Frist zur **Abhilfe** gesetzt haben, und diese Frist ohne Einlenken seitens des Vermieters abgelaufen ist (§ 542 Absatz 1 Satz 2 BGB). Die vom Mieter gesetzte Frist muß erkennen lassen, daß er die Beseitigung des Mangels in jedem Fall innerhalb der von ihm gesetzten Frist erwartet. Er muß in diesem Zusammenhang jedoch nicht androhen, daß eventuell eine fristlose Kündigung erfolgt. Am besten ist die Bezugnahme auf einen bestimmten Kalendertag, wenngleich es ausreichen kann, daß nach „unverzüglicher" Abhilfe verlangt wird (RGZ 75, Seite 354). Eine solche **Fristsetzung** ist jedoch dann entbehrlich, wenn der Vermieter bereits die Abhilfe ernsthaft und endgültig verweigert hat (vgl. BGH WuM 1976, Seite 95).

Die anschließende Kündigung muß nicht sofort, aber noch in zeitlichem Zusammenhang mit dem Abhilfefristablauf erfolgen. Dieses Recht zur Kündigung kann im Rahmen eines Wohnraummietvertrages auch nicht wirksam ausgeschlossen werden, da dies vom Gesetz her ausgeschlossen ist (§ 543 Satz 2 BGB).

# Fristlose Kündigung durch den Vermieter

Weit häufiger als eine fristlose Kündigung des Mieters kommt in der Praxis eine solche durch den Vermieter in Betracht. Nachfolgend werden Gründe für den Vermieter angeführt, die eine fristlose Kündigung rechtfertigen können. Der Mieter hat sich an den Voraussetzungen zu orientieren, um erforderlichenfalls den ihm zugute kommenden Kündigungsschutz herbeizuführen.

Insbesondere ist zu beachten, daß es im Rahmen von Wohnraummietverhältnissen nicht möglich ist, andere als die gesetzlich vorgesehenen Kündigungsgründe heranzuziehen oder vertraglich zu vereinbaren. Ist also eine Kündigung des Vermieters auf etwa vertraglich vereinbarte Kündigungsgründe gestützt, können Sie sich als Mieter gelassen zeigen und müssen die Kündigung nicht beachten. Sie ist in jedem Fall unwirksam (§ 554 b BGB).

## Kündigung wegen vertragswidrigen Gebrauchs durch den Mieter (§ 553 BGB)

Nicht jeder geringfügig vertragswidrige Gebrauch der Wohnung rechtfertigt eine fristlose Kündigung. Zwar darf der Mieter die Wohnung nur in dem Rahmen gebrauchen, wie es im Mietvertrag vorgesehen ist, jedoch muß für eine außerordentliche Kündigung ein erheblicher Verstoß gegen vertragliche Pflichten vorliegen. Zudem muß dieser Gebrauch die Rechte des Vermieters in erheblichem Maße verletzen.

Ein für eine derartige Kündigung erheblicher, vertragswidriger Gebrauch liegt inbesondere dann vor, wenn der Mieter von der ursprünglich vereinbarten, ausdrücklich privaten Nutzung zur **gewerblichen Nutzung der Räume** übergeht, ohne eine entsprechende Erlaubnis seitens des Vermieters eingeholt zu haben (vgl. OLG Hamburg WuM 1988, Seite 26). Dies jedenfalls dann, wenn die Räumlichkeiten durch die gewerbliche Tätigkeit stärker in Anspruch genommen und abgenutzt werden als bei einem reinen Gebrauch zu Wohnzwecken. Bei einer **Personenmehrheit** genügt es übrigens, wenn lediglich einer der Mieter sich vertragswidrig verhält (vgl. OLG Düsseldorf ZMR 1987, Seite 423).

Die unbefugte Gebrauchsüberlassung an Dritte und die erhebliche Gefährdung der Mieträume durch die Vernachlässigung der dem Mieter übertragenen Sorgfaltspflichten werden beispielhaft als Gründe für eine solche Kündigung genannt. Die **unbefugte Gebrauchsüberlassung an Dritte** bedeutet nicht unbedingt, daß der Mieter die Wohnung ohne Erlaubnis an Dritte vermietet hat oder auf diese Art und Weise eine Wohngemeinschaft sich in eine Wohnung eingerichtet hat, es kann auch die unentgeltliche Überlassung der Räume an Dritte eine solche Kündigung rechtfertigen. Die unerlaubte Untervermietung der gesamten Wohnung begründet nach Abmahnung die fristlose Kündigung, wenn der Mieter hiernach keine Anstrengungen unternimmt, die Untermiete zu beenden (vgl. AG Potsdam WuM 1994, Seite 527).

*Beispiel:*

Wenn sich eine Mieterin in ein Altenheim begibt und die Wohnung (ohne Genehmigung) ihrer Enkelin und deren Lebensgefährten überläßt, stellt dies einen zur fristlosen Kündigung berechtigenden vertragswidrigen Gebrauch dar (vgl. LG Frankfurt/Main NJW-RR 1993, Seite 143).

Eine **Vernachlässigung der Sorgfaltspflicht** liegt insbesondere dann vor, wenn der Mieter es unterläßt, drohende Substanzschäden an der Wohnung rechtzeitig abzuwenden. Dies kann beispielsweise auch durch die Nichtvornahme von Vorsichtsmaßnahmen gegen Frostschäden eintreten oder durch Lagerung gefährlicher Stoffe, z. B. Munition in Mieträumen. Sofern der Mieter lediglich die übernommene Verpflichtung hinsichtlich der Ausführung von Schönheitsreparaturen nicht erfüllt, rechtfertigt dies noch nicht eine fristlose Kündigung des Vermieters (vgl. LG Münster WuM 1991, Seite 33).

● Abmahnung

Im Fall einer fristlosen Kündigung hat immer eine Abmahnung des Vermieters vorauszugehen, d. h. der Vermieter muß den Mieter zum einen dazu auffordern, den vertragswidrigen Gebrauch einzustellen sowie den vertragsgemäßen Zustand wieder herbeizuführen und zum anderen sollte er erkennen lassen, daß ansonsten vom Recht zur fristlosen Kündigung Gebrauch gemacht wird. Bei einer Mehrheit von Mietern hat die Abmahnung grundsätzlich wiederum allen gegenüber zu erfolgen (vgl. AG Hamburg WuM 1990, Seite 74). Die Abmahnung ist grundsätzlich zwingende Voraussetzung und daher nur in Ausnahmefällen entbehrlich. So z. B. wenn der Mieter ernsthaft und endgültig die Erfüllung der Vertragspflichten verweigert oder er durch sein Verhalten vollendete Tatsachen geschaffen hat, welche nicht mehr beseitigt werden können. Die vertragswidrige Nutzung muß im Rahmen der Abmahnung aber so konkret bezeichnet werden, daß für den Mieter erkennbar ist, was der Vermieter eigentlich beanstandet. Die von den städtischen Wasserwerken beanstandete, nicht satzungskonforme Nutzung von Brunnenwasser zur Toilettenspülung rechtfertigt zum Beispiel die fristlose Kündigung des Vermieters, wenn die ohne dessen Genehmigung errichtete Versorgungsanlage auf Abmahnung hin nicht beseitigt wird (vgl. LG Heidelberg WuM 1994, Seite 681).

● Tierhaltung

Beinhaltet ein Mietvertrag – insbesondere auch die in der Regel als Bestandteil des Vertrages geltende **Hausordnung** – ein ausdrückliches **Verbot der Tierhaltung** und hält sich der Mieter hieran nicht, so ist eine fristlose Kündigung wirksam, wenn es sich um ein besonders **störendes oder gefährliches Tier** handelt. Zu beachten ist dabei aber, daß allein der Verstoß gegen das Verbot des Haltens eines Tieres nicht zur fristlosen Kündigung berechtigt. Insbesondere wenn es sich um einen Wellensittich, einen Hasen oder Zierfische handelt, von denen keinerlei Gefahr ausgeht. Solange die Gattung des Tieres vertretbar erscheint und negative Auswirkungen auf die anderen Mieter oder die Mietsache nicht zu befürchten sind, braucht man keine Angst vor einer fristlosen Kündigung zu haben. Selbst das gelegentliche Bellen eines Hundes oder durch diesen verursachten Schmutz im Mietshaus stellt für sich allein noch keinen Kündigungsgrund dar, vor allem wenn der Hundebesitzer den Schmutz sofort beseitigt. Anders hingegen sieht es aus, wenn der Hund lang anhaltend – vorwiegend während der Ruhezeit – laut bellt oder bißwütig ist, so z. B. bei einem scharfen und abgerichteten Bullterrier, der vom Besitzer nie an die Leine genommen wird.

Kritisch wird es aber, wenn ein Mieter Anhänger von Giftschlangen, Alligatoren und ähnlichen Reptilien ist, die jedem Hausbewohner lebensgefährlich werden können. Diese **latente Gefahr** muß wohl kein Vermieter hinnehmen, denn schon oft konnte man Berichte über Schlangen lesen, die fest verschlossenen Terrarien verlassen konnten und unvermutet an einem anderen Ort wieder aufgetaucht sind. In derartigen Fällen ist der Vermieter nach einer Abmahnung berechtigt, fristlos zu kündigen.

● Überbelegung der Wohnung

Fristlos gekündigt werden kann auch, wenn eine Überbelegung der Wohnung gegeben ist. Allerdings nur, wenn nach den örtlichen Gegebenheiten die Anzahl der Bewohner als völlig unvertretbar anzusehen ist. So z. B. wenn in einer 25 Quadratmeter großen Wohnung eine fünfköpfíge Familie lebt.

Damit soll keine Feindlichkeit gegenüber kinderreichen Familien Ausdruck verliehen werden, denn die Vergrößerung einer Familie, die letztendlich mit einer Überbelegung endet, nimmt einen längeren Zeitraum in Anspruch, der die Möglichkeit eröffnet, sich nach einer Wohnung umzusehen, die der Größe der wachsenden Familie gerecht wird. Denkt der Mieter aber nicht einmal daran, den Versuch zu unternehmen, eine andere größere Wohnung zu finden, so kann der Vermieter kündigen, wenn die Wohnung objektiv zu klein ist. Die Kündigung wegen Überbelegung ist aber unzulässig, wenn der Vermieter schon bei der Anmietung der Wohnung akzeptiert hat, daß die Wohnung eigentlich überbelegt war. Dies ist beispielsweise der Fall, wenn in einer Vier-Zimmer-Wohnung mit 30 Quadratmeter zwei Erwachsene und sieben Kinder wohnen und nun noch ein weiteres Kind hinzukommt.

● Bauliche Veränderungen

Grundsätzlich kann man auch davon ausgehen, daß bauliche Veränderungen, welche die Substanz der Mietsache berühren, im allgemeinen nicht erlaubt sind und daher vertragswidrig sind (vgl. AG Köln WuM 1985, Seite 288). Hierunter fällt z. B. der Durchbruch einer Wand. Eine fristlose Kündigung ist dann gerechtfertigt. Als berechtigte Interessen des Vermieters kommen zudem insbesondere eine erhöhte Abnutzung der Wohnung, Störung des Hausfriedens oder zusätzlicher Lärm in Betracht (vgl. BVerfG NJW 1994, Seite 41).

● Unterlassung (§ 550 BGB)

Der Vermieter kann den Mieter jedoch als Alternative zur fristlosen Kündigung auch auf Unterlassung des vertragswidrigen Gebrauchs in Anspruch nehmen. Auch in diesem Fall hat vorher eine Abmahnung zu erfolgen. Der Vermieter ist jedoch hierzu vor Ausspruch der Kündigung nicht verpflichtet.

## Kündigung wegen Zahlungsverzugs des Mieters (§ 554 BGB)

Der Zahlungsverzug des Mieters ist der in der Praxis wohl am häufigsten herangezogene Grund für den Ausspruch einer fristlosen Kündigung.

Ein einmaliger Rückstand bei ansonsten pünktlicher Mietzahlung reicht grundsätzlich nicht aus. Das Gesetz verlangt, daß der Zahlungsrückstand ein gewisses Ausmaß erreicht hat. Es ist das alternative Vorliegen zweier Gründe erforderlich:

● Zum einen, wenn der Mieter für zwei aufeinanderfolgende Termine mit der Zahlung des monatlich geschuldeten Mietzinses oder eines erheblichen Teils davon in Verzug ist (§ 554 Absatz 1 Nummer 1 BGB). Als nicht unerheblich ist hierbei ein Rückstand anzusehen, der zumindest den Betrag einer Monatsmiete übersteigt. Das ist zum Beispiel dann der Fall, wenn der Mieter einen monatlichen Mietzins von DM 800 zu zahlen hat und im Januar nur DM 300 und im Februar nur DM 550 zahlt, denn dann übersteigt der aktuelle Mietrückstand (= DM 850) eine Monatsmiete.

● Zum anderen dann, wenn der Mieter in einem Zeitraum, der sich über mehr als zwei Zahlungstermine erstreckt, mit der Zahlung eines Betrages in Verzug ist, der die Höhe der Miete für zwei Monate übersteigt (§ 554 Absatz 1 Nr. 2 BGB).

In diesem Fall muß der Zahlungsrückstand nicht wie bei § 554 Absatz 1 Nr. 1 BGB in zwei unmittelbar aufeinanderfolgenden Terminen eintreten, sondern es genügt ein längerer Zeitraum, in dem ein Gesamtrückstand von zwei Monatsmieten erreicht wird.

● Begriff der Miete

In diesem Zusammenhang muß erwähnt werden, daß für den Mietrückstand der Zugang der Kündigung maßgebend ist und unter dem Begriff „Miete" sowohl die Kaltmiete als auch die Nebenkosten zu verstehen sind. Stammt der Rückstand jedoch alleine aus einer **Nebenkostenabrechnung** kann wegen Zahlungsverzug nicht fristlos gekündigt werden. Auch der Verzug mit Zahlung der Kaution fällt nicht unter diese Vorschrift, wenngleich die diesbezügliche Nichtzahlung eventuell zu einem **gestörten Vertrauensverhältnis** und einer darin begründeten Kündigung führen kann.

● Fälligkeit und Verzug

Wann die Mietzahlung fällig ist, ist regelmäßig dem Mietvertrag zu entnehmen. In den handelsüblichen **Vertragsformularen** wird meist eine Klausel verwendet, wonach der Mietzins bis zum dritten Werktag des Monats auf dem Konto des Vermieters einzugehen hat. Der Mieter ist in diesen Fällen also vorleistungspflichtig. Eine rechtzeitige Zahlung liegt dann nur vor, wenn die Miete auch an dem Tag auf dem Konto des Vermieters gutgeschrieben wird. Dies ist auch von der Rechtsprechung anerkannt. Enthält Ihr Mietvertrag (was äußerst selten vorkommen wird) keine Bestimmung, wann die Miete fällig ist, dann ist sie grundsätzlich erst im nachhinein zu zahlen.

Verzug ist daher regelmäßig mit Ablauf dieser **Karenzzeit** (dritter Werktag des Monats) gegeben, da es sich hierbei um einen kalendermäßig bestimmbaren Zeitraum handelt und dieser somit ohne weitere Mahnung eintritt (§ 284 Absatz 2 Satz 1

BGB). Für den Mieter ist von besonderer Bedeutung, daß es auf ein Verschulden seinerseits an dem verspäteten Eingang des Mietzinses nicht ankommt und dies kein Entschuldigungsgrund ist.

Eine **Schonfrist** wegen persönlicher Verhinderung an der Zahlung z. B. infolge Erkrankung oder einer eintretenden Arbeitslosigkeit gibt es grundsätzlich nicht. Selbst vorübergehende finanzielle Schwierigkeiten können Ihnen nicht helfen, es sei denn, der Vermieter läßt mit sich reden und verzichtet vorübergehend auf Zahlungen, weil er sozial eingestellt ist und Sie als Mieter behalten möchte. Das Verschulden ist aber dann nicht gegeben, wenn der Zahlungsverzug unverschuldet ausgeschlossen ist (§ 285 BGB). Das ist z. B. dann der Fall, wenn der Mieter aufgrund eines Mangels an der Wohnung die Miete **mindern** kann (§ 537 BGB) oder ein **Zurückbehaltungsrecht** (§§ 273, 322 BGB) geltend machen kann. Derartige Einreden lassen keinen vollständigen Zahlungsanspruch des Vermieters entstehen.

Zu beachten ist dabei, daß es sich bei einer zu recht geltend gemachten **Minderung** um einen verlorenen Mietzins für den Vermieter handelt, währenddessen die aufgrund eines Zurückbehaltungsrecht einbehaltenen Beträge nach Beseitigung des entsprechenden Mißstandes nachzuzahlen sind. Der Mieter muß jedoch selbst die Verantwortung für den vorgenommenen Einbehalt tragen. Irrt er sich hinsichtlich seiner Berechtigung zum Einbehalt, so tritt Verzug nur dann nicht ein, wenn es sich um einen Irrtum handelt, den der Mieter nicht zu vertreten hat. Dies ist z.B. bei schwieriger Rechtslage der Fall.

Der Eintritt des Verzugs ist ausgeschlossen, wenn eine Mietminderung des Mieters zwar zu hoch ausgefallen ist, ihre Begründung aber auch nicht völlig auf aus der Luft gegriffenen Argumente gestützt wird (vgl. BVerfG WuM 1989, Seite 278). Gleiches gilt für den Fall, daß der Mieter die Miete zurückhalten kann, weil er einen Gegenanspruch gegen den Vermieter hat, der ihn zur Aufrechnung berechtigt, so z. B. wenn der Vermieter an dem Eigentum des Mieters einen Schaden verursacht und der Mieter, nach dem er die Höhe der Schadensersatzforderung kennt, unverzüglich die Aufrechnung erklärt (§ 554 Absatz 1 Satz 3 BGB).

Auch für den Fall, daß der Mieter bei nachweislicher **Unkenntnis** über den Eigentumsübergang noch an den vorherigen Vermieter zahlt, liegt kein Verschulden vor.

● Abmahnung

Grundsätzlich ist im Falle des Zahlungsverzuges eine Abmahnung nicht erforderlich. Jedoch hat eine solche seitens des Vermieters insbesondere dann zu erfolgen, wenn er verspätete Zahlungen über eine längere Zeit widerspruchslos hingenommen hat (vgl. LG Bochum WuM 1989, Seite 179), denn dann hat er den Eindruck erweckt, er lege keinen Wert auf pünktliche Zahlung. Eine fortgesetzte unpünktliche Zahlung der Miete trotz Abmahnung rechtfertigt jedoch eine fristlose Kündigung des Vermieters (vgl. BGH NJW-RR 1988, Seite 77).

Wird das Mietverhältnis durch eine fristlose Kündigung wegen Zahlungsverzug des Mieters beendet, so kann der Vermieter die Kosten für diejenigen Inserate ersetzt verlangen, die für die Weitervermietung der Räumlichkeiten erforderlich waren (vgl. LG Berlin NJW-RR 1992, Seite 1038).

● Heilungswirkung der sofortigen Nachzahlung
  (§ 554 Absatz 1 Sätze 2 und 3, Absatz 2 BGB)

Selbst für den Fall des verschuldeten Verzugs kann der Mieter die Folgen einer aus diesem Grunde bevorstehenden Kündigung beseitigen, wenn er den Vermieter „vorher" durch Zahlung des offenen Betrages befriedigt (§ 554 Absatz 1 Satz 2 BGB). Allerdings kann diese Heilungswirkung nur durch vollständigen Ausgleich des gesamten Rückstandes herbeigeführt werden.

Die Kündigung ist auch dann unwirksam, wenn sich der Mieter durch Aufrechnung von seiner Schuld befreien konnte und unverzüglich nach Erhalt der Kündigung die Aufrechnung erklärt (§ 554 Absatz 1 Satz 3). Die beiden vorgenannten Möglichkeiten bestehen allgemein im mietrechtlichen Bereich.

Für die Vermietung von Wohnraum gilt ergänzend folgendes: Hat der Mieter bereits eine **Räumungsklage** aufgrund einer fristlosen Kündigung erhalten, so kann er sich vor deren Auswirkungen schützen, indem er innerhalb der Schonfrist den gesamten Mietrückstand zahlt. Die Schonfrist beginnt mit Zustellung der Räumungsklage an den Mieter und läuft einen Monat (§ 554 Absatz 2 Nr. 2 Satz 1 BGB). Erfolgt die Zustellung am 30. März, so kann der Mieter den Rückstand bis spätestens 30. April ausgleichen. In diesem Fall wird nämlich die Kündigung rückwirkend unwirksam. Das Mietverhältnis bleibt also bestehen. Es muß aber nochmals betont werden, daß diese Folge nur eintritt, wenn der Vermieter völlig befriedigt wird (vgl. LG Bonn WuM 1992, Seite 607). Auszugleichen sind auch solche Rückstände, auf die der Vermieter seine Kündigungserklärung nicht gestützt hat (vgl. LG München I WuM 1987, Seite 153). Erfolgt nur eine Teilzahlung, so bleibt die Wirkung der fristlosen Kündigung bestehen. Sofern der Mieter den gesamten Rückstand innerhalb der Schonfrist ausgleicht, wird die Kündigung unwirksam (vgl. LG Aachen ZMR 1989, Seite 304). Auch hier sorgt eine **Aufrechnungserklärung** aber nur dann für die Heilungswirkung, wenn sie den vollständigen Rückstand an Mietzins erfaßt ( vgl. LG Aachen WuM 1989, Seite 294).

Diese Möglichkeit der Nachzahlung und damit der Beseitigung der Kündigungswirkung steht Ihnen aber nicht beliebig oft zur Verfügung. Erst nach weiteren zwei Jahren können Sie wieder von ihr Gebrauch machen (§ 554 Absatz 2 Nr. 2 Satz 2 BGB). Sofern also der Vermieter beispielsweise nach 16 Monaten wiederum zur fristlosen Kündigung wegen Zahlungsverzugs des Mieters berechtigt ist, bleibt auch bei einer sofortigen Nachzahlung des gesamten Betrages die Kündigung wirksam. Eine erneute Heilung der Kündigung wegen Zahlungsverzugs ist nur dann nach § 554 Absatz 2 Nr. 2 BGB ausgeschlossen, wenn eine erste Heilung einer solchen Kündigung tatsächlich innerhalb der **Zweijahresfrist** vorausgegangen ist. Das gilt jedoch nicht, wenn der Vermieter von sich aus die frühere Kündigung nicht weiter verfolgt hat (vgl. LG Berlin MDR 1992, Seite 479).

Die Nachzahlungsmöglichkeit besteht auch dann, wenn der Mieter aufgrund **Arbeitsverlustes** mittlerweile **Sozialhilfe-empfänger** ist. Für die Beseitigung der Kündigungsfolgen reicht eine eindeutige und verbindliche Erklärung des Sozialamtes gegenüber dem Vermieter (!) aus, den Mietrückstand auszugleichen (§ 554 Absatz 2 Nr. 2 Satz 1 BGB). Die Kündigung wegen Zahlungsverzugs wird auch dann unwirksam, wenn die öffentliche Stelle sich rechtzeitig zur Befriedigung des Mieters verpflichtet hat, die tatsächliche Befriedigung aber nicht erfolgt (vgl. AG Potsdam WuM 1994, Seite 667).

Auch in bezug auf diesen Grund zur fristlosen Kündigung sind abweichende Vereinbarungen zu Lasten des Mieters unzulässig und können daher keine rechtlichen Wirkungen erzeugen (§ 554 Absatz 2 Nr. 3 BGB).


# Unzumutbares Mietverhältnis (§ 554 a BGB)

Diese Art der Kündigung gilt gleichermaßen für den Mieter als auch für den Vermieter. Voraussetzung dafür ist, daß ein Vertragsteil aus einem Mietverhältnis über Räume seine Verpflichtungen schuldhaft in einem Maße verletzt, insbesondere den Hausfrieden (also das zwischen den Parteien bestehende Vertrauensverhältnis) so nachhaltig stört, daß dem anderen Teil die Fortsetzung des Vertragsverhältnisses nicht mehr zugemutet werden kann. Diese Vorschrift gilt gleichermaßen für Wohnraum wie für gewerblich genutzte Objekte, nicht jedoch für Mietverhältnisse über Grundstücke.

Dabei ist immer auf den Einzelfall abzustellen, so daß pauschal keine Zuordnung zu diesem Punkt möglich ist. Um die Grenze des Zumutbaren zu überschreiten, müssen jedoch sehr gravierende Dinge geschehen. Man wird daher sagen können, daß zu den wichtigen Gründen für eine derartige Kündigung grundsätzlich die Umstände gehören, die einen Vertragsteil normalerweise auch zu einer ordentlichen Kündigung berechtigen würden, wobei die Auswirkungen des Verhaltens aber so erheblich sein müssen, daß das Einhalten der gesetzlichen Frist nicht abgewartet werden kann. Es ist nicht ausschlaggebend, ob es sich um die Verletzung einer vertraglichen **Haupt- oder Nebenpflicht** handelt (vgl. BGH NJW 1992, Seite 496).

Die Kündigung seitens des Vermieters setzt in den meisten Fällen eine **Abmahnung** voraus, da dem Mieter vor Augen geführt werden muß, daß die Grenze der Zumutbarkeit seines Verhaltens als überschritten betrachtet wird. Die explizite Androhung der Kündigung wird aber auch in diesem Zusammenhang nicht gefordert.

### Wiederholte und unpünktliche Mietzahlung

Die mangelnde **Zahlungsmoral** des Mieters muß sich nicht auf die Monatsmiete als solche beziehen, ausreichend hierfür ist der Rückstand mit der Zahlung der Kaution oder der Nebenkostenabrechnung.

### Wiederholte, schwere Verstöße gegen die Hausordnung

Lärm berechtigt nicht zur fristlosen Kündigung, solange er sich im Rahmen des sozial Üblichen hält. Bei Mietern mit Kindern sind dabei die Maßstäbe großzügig anzulegen (vgl. AG Dortmund DWW 1990, Seite 55).

Als Störung des Hausfriedens i.S.d. § 554 a BGB ist es anzusehen, wenn eine Mieterin oder dessen Lebensgefährte beispielsweise durch sein Verhalten dazu Anlaß gibt, daß innerhalb von zwei Monaten zwei Polizeiaktionen durchgeführt werden, die beide mit gewaltsamem Öffnen der Wohnungstür und mit der Verhaftung des in der Wohnung aufgenommenen Lebensgefährten der Mieterin verbunden gewesen sind (vgl. LG Mannheim DWW 1994, Seite 50).

### Fortdauernde Belästigungen der Hauseinwohner

Dazu gehört z. B. intensive und wiederholte Geruchsbelästigung aus der Wohnung des Mieters, das gleiche gilt für ruhestörenden Lärm in der Nacht.

### Beleidigung oder Mißhandlung des Vermieters

Unrichtige Verdächtigung oder vorsätzliche bzw. leichtfertige **Strafanzeigen** gegen den Vermieter, können eine fristlose Kündigung rechtfertigen (vgl. AG Friedberg WuM 1986, Seite 338). Beschuldigt ein Mieter von Gewerbe- und Wohnraum den Vermieter bei Behörden wider besseren Wissens der Zweckentfremdung von Wohnraum, dann stellt das einen Grund für eine fristlose Kündigung dar (vgl. LG Frankfurt/ Main NJW-RR 1994, Seite 143).

*Beispiele:*

● Baut der Mieter eigenmächtig den Dachboden zu Wohnzwecken aus, so rechtfertigt dies – nach erfolgter Abmahnung – die fristlose Kündigung des Vertragsverhältnisses (vgl. LG Hamburg WuM 1992, Seite 190). Der Vermieter kann sich auf die Kündigungswirkungen auch dann berufen, wenn die Gründe bzw. die Unzumutbarkeit nach dem

Kündigungsausspruch entfallen sind (BGH NJW-RR 1988, Seite 77).

● Die unberechtigte Entnahme von Strom aus einer Leitung eines Mietshauses für die Bedürfnisse der eigenen Wohnung rechtfertigt die fristlose Kündigung des Mietverhältnisses (vgl. LG Köln NJW-RR 1994, Seite 909).

# Beendigung des Mietvertrages durch Zeitablauf

**3**

# Ende des Zeitablaufs

Nicht selten werden Mietverträge nicht auf unbestimmte Zeit, sondern für eine festgelegte Zeit abgeschlossen. Bei befristeten Mietverträgen muß zwischen Mietverträgen mit und ohne **Verlängerungsklausel** differenziert werden. Das Mietverhältnis endet somit automatisch, ohne daß es einer Kündigung bedarf, mit Ablauf der vereinbarten Mietdauer.

Für die Dauer der Befristungsvereinbarung wird in der Regel die ordentliche Kündigung ausgeschlossen, so daß sich die Parteien nur durch fristlose Kündigung vom Vertrag lösen können. Dies gilt gleichermaßen für Vermieter wie für Mieter. Für den Bereich des Wohnraummietrechts gelten jedoch wiederum Besonderheiten.

## Befristeter Mietvertrag mit vertraglicher Verlängerungsklausel (§ 565 a BGB)

Häufig findet sich in Mietverträgen eine Klausel, die z. B. folgenden Wortlaut hat:

„Der Mietvertrag wird auf drei Jahre abgeschlossen und endet am 31. August. Er verlängert sich um weitere drei Jahre oder auf unbestimmte Zeit, wenn er nicht mit einer Frist von drei Monaten zum Vertragsende gekündigt wird."

Hierbei handelt es sich um eine Verlängerungsklausel, d. h. eine Bestimmung, daß sich der Mietvertrag nach Ablauf der Frist um einen bestimmten Zeitraum (hier drei Jahre oder auf unbestimmte Zeit) verlängert, wenn nicht eine Vertragspartei drei Monate vor Vertragsende widerspricht und erklärt, den Vertrag nicht verlängern zu wollen.

Für die Einhaltung der Frist ist wieder der Zugang entscheidend. In oben genannten Fallbeispiel muß die Kündigungserklärung des Mieters/Vermieters spätestens am 30. Mai der anderen Vertragspartei zugehen. Kündigt aber weder der Mieter noch der Vermieter vor dem Ablauf der Frist, so verlängert sich der Vertrag automatisch um die in der Verlängerungsklausel angegebene Mietzeit (hier drei Jahre oder unbefristet). In diesem Fall bleibt der alte Mietvertrag bestehen und es wird der gleiche monatliche Mietzins geschuldet wie zu Beginn des Mietverhältnisses.

Die Befristung bzw. die vereinbarte Verlängerung stellt damit im Grunde eine **Mindestlaufzeit** dar, während der nicht ordentlich, sondern nur außerordentlich, das heißt aus wichtigem Grund, gekündigt werden kann. Kündigt der Vermieter vor Ablauf der vereinbarten Frist zum Vertragsende, so gilt derselbe Kündigungsschutz wie beim unbefristeten Mietvertrag.

# Befristeter Mietvertrag ohne Verlängerungsklausel (§ 564 c BGB)

Enthält Ihr befristeter Mietvertrag keine Verlängerungsklausel, so besteht dennoch für Sie ein Kündigungsschutz in der Weise, daß Sie vom Vermieter vor Ablauf der ursprünglich vereinbarten Mietzeit unter bestimmten Voraussetzungen die Verlängerung des Mietvertrages verlangen können. Ist ein Mietverhältnis über Wohnraum auf unbestimmte Zeit eingegangen, so kann der Mieter spätestens zwei Monate vor Beendigung des Mietverhältnisses durch schriftliche Erklärung gegenüber dem Vermieter die Fortsetzung des Mietvertrages verlangen (vgl. § 564 c Absatz 1 BGB). Dieser gesetzlich vorgesehene **Verlängerungsanspruch** besteht aber nur, wenn Sie dem Vermieter spätestens zwei Monate vor Ablauf der vereinbarten Mietzeit eine schriftliche Erklärung zukommen lassen, aus der nachhaltig und unmißverständlich hervorgeht, daß Sie das Mietverhältnis verlängern wollen.

Für die Einhaltung der gesetzlich vorgesehenen Frist kommt es auch hier wieder auf den Zugang beim Vermieter an. Endet Ihr Mietvertrag am 31. August, so muß Ihre Erklärung spätestens am 30. Juni beim Vermieter eingetroffen sein. Kommt das Schreiben auch nur einen Tag später an, so haben Sie Ihren Anspruch auf Verlängerung des Mietvertrages verloren. Karenztage gibt es in diesem Zusammenhang nicht. Daher ist es wichtig, daß Sie rechtzeitig ihr Anliegen geltend machen. Es empfiehlt sich auch hier wieder die allgemeinen Punkte zum Zugang eines Schreibens zu beachten, um den rechtzeitigen Zugang im Ernstfall beweisen zu können.

Haben Sie für den rechtzeitigen Zugang Ihrer **Fortsetzungserklärung** gesorgt, so ist damit aber noch nicht Ihr Interesse durchgesetzt, denn der Vermieter hat immer noch die Möglichkeit, Ihr Angebot abzulehnen.

Nimmt er es an, so bleibt Ihr alter Mietvertrag in Kraft und verlängert sich auf unbestimmte Zeit. Lehnt der Vermieter Ihren gesetzlichen Anspruch dagegen ab, so ist Ihr Mietvertrag nach Ablauf der vereinbarten Mietzeit beendet. Allerdings kann der Vermieter nicht durch ein einfaches „Nein" über Ihren Auszug entscheiden. Er muß Ihrem Fortsetzungsverlangen ein berechtigtes Interesse an der Verlängerung des Mietvertrages entgegenhalten können (vgl. § 564 c Absatz 1 BGB). Dieses ist gesondert – vor allem schriftlich gegenüber dem Mieter – geltend zu machen, es wird nicht automatisch berücksichtigt.

Er kann Ihnen also nur Gründe nennen, die ihm auch bei einem unbefristeten Mietvertrag zur Kündigung berechtigen würden (vgl. oben und § 564 b Absatz 2 BGB). Er muß Ihnen seine Gründe schriftlich mitteilen, wobei der Vermieter zu beachten hat, daß nur die Gründe berücksichtigt werden, die er Ihnen in seinem Schreiben bekannt gibt. Lehnt der Vermieter also berechtigt ab, so endet Ihr Mietvertrag nach Ablauf der vereinbarten Mietzeit. Ihnen bleibt dann nur noch die Möglichkeit im Rahmen der Anwendung der Sozialklausel einen der schon erläuterten **Härtegründe** anzuführen, um Ihren Auszug abzuwenden.

Von dem eben Gesagten gibt es allerdings eine **Ausnahme**, die, wenn sie bei Ihnen zutrifft, für Sie weder eine Verlängerungsmöglichkeit noch die Berufung auf die Sozialklausel ermöglicht. Es liegt dann ein Zeitmietvertrag ohne Bestandsschutz vor. Der Mieter kann eine Fortsetzung des Mietverhältnisses nicht verlangen, wenn folgende Voraussetzungen gegeben sind (vgl. § 564 c Absatz 2 BGB):

● Das Mietverhältnis, darf nicht für mehr als fünf Jahre eingegangen worden sein.

● Der Vermieter will nach Ablauf der vereinbarten Mietzeit die Räume entweder als Wohnung für sich oder einen Familienangehörigen nutzen oder diese nach Ablauf dieses Zeitraumes so umbauen, renovieren oder verändern, daß die Anwesenheit eines Mieters die Arbeiten erheblich erschweren würde.

● Der Vermieter hat diese Absicht dem Mieter schon bei Vertragsschluß schriftlich mitgeteilt.

● Die ursprüngliche Verwendungsabsicht des Vermieters besteht noch nach Ablauf der Vertragszeit und dies dem Mieter drei Monate vor Ablauf der Mietzeit nochmals schriftlich bestätigt wurde.

Liegen die genannten Voraussetzungen zusammen vor, so haben Sie keinerlei Chance, ihren Auszug verhindern, wenn auch der angegebene Grund hinsichtlich der Befristung noch gegeben ist. Es wird Ihnen dann auch keine **Räumungsfrist** gewährt. Fehlt allerdings nur eine Voraussetzung, so bleibt die oben erläuterte Möglichkeit, die Verlängerung des Mietvertrages zu verlangen. Hiervon kann im Bereich des Wohnraummietrechts auch nicht zu Lasten des Mieters abgewichen werden (vgl. LG Lübeck WuM 1988, Seite 277). Vereinbarungen, die den Mieter besser stellen, sind allerdings zulässig.

# Beendigung des Mietvertrages durch Mietaufhebungsvertrag

**4**

# Der Mietaufhebungsvertrag

Das Mietverhältnis kann nicht nur durch Kündigung oder durch Zeitablauf beendet werden, sondern auch durch eine Sonderform der Beendigung, den sog. **Aufhebungsvertrag** (vgl. auch Musterschreiben). Er tritt nicht zuletzt mangels gesetzlicher Regelung relativ selten auf und stellt eine vertragliche Abrede zwischen Mieter und Vermieter dar, das Mietverhältnis vorzeitig aufzuheben. Aufgrund der im BGB geltenden Vertragsfreiheit steht den Parteien der Abschluß und die inhaltliche Gestaltung eines derartigen Vertrages frei (§ 305 BGB).

# Inhalt des Mietaufhebungsvertrags

Insbesondere für Sie als Mieter kann ein Aufhebungsvertrag interessant sein, nämlich dann, wenn Sie vorzeitig aus einem befristeten Mietvertrag ausscheiden möchten und die gesetzliche Kündigungsfrist (mindestens drei Monate) Ihnen zu lang ist.

Allerdings haben Sie keinen Anspruch gegenüber dem Vermieter auf Abschluß eines derartigen Vertrages. Wie schon das Wort Vertragsfreiheit vermuten läßt, ist jede Partei in seiner Entscheidung ebenso frei, keinen Vertrag zu schließen. Einigen sich Mieter und Vermieter hingegen darauf, den Vertrag vorzeitig aufzulösen, so muß die Abrede nicht notwendigerweise schriftlich ausformuliert werden; eine mündliche Einigung reicht aus. Es ist aber anzuraten, trotzdem den Inhalt der Vereinbarung schriftlich festzuhalten, um von vornherein Streitereien der Parteien über das „Was und Wie" der getroffenen Abrede zu unterbinden.

Bei der inhaltlichen Ausgestaltung des Aufhebungsvertrages sollten sich Vermieter und Mieter über folgende Punkte Gedanken machen:

- Die Einigung beider Parteien über die Beendigung des Mietvertrages.

- Die Einigung von Vermieter und Mieter über den Beendigungszeitpunkt des Mietvertrages.

- Welche Partei für Instandhaltung und Renovierung der Wohnung aufkommen soll.

- Wer für die Neuvermietung und damit für einen Nachmieter sorgt.

- Wann und wie die Nebenkosten (z. B. Wasser, Heizung) abgerechnet werden.

- Wer dafür sorgt, daß Ausstattungen und Einrichtungen der Wohnung an den Nachmieter verkauft werden und wer die Ablöse ausbezahlt bekommt.

- Wann die Kaution an den Mieter zurückgezahlt bzw. ob sie im Falle der Notwendigkeit von Schönheitsreparaturen für diese verwendet werden soll.


# Der Nachmieter

An dieser Stelle muß auch erwähnt werden, daß die weit verbreitete Meinung, der Mieter müsse dem Vermieter nur drei kompetente Nachmieter präsentieren, um vorzeitig (d. h. ohne Einhaltung einer Kündigungsfrist) aus dem Vertragsverhältnis entlassen zu werden, ein Gerücht ist. Grundsätzlich bewirkt ein vorzeitiger Auszug nur, daß der Mieter auch weiterhin zur Zahlung des Mietzinses verpflichtet bleibt, solange der Vertrag besteht. Der Vermieter muß sich vom Mieter keine Nachmieter aufdrängen lassen. Dies ist unabhängig davon, wie ruhig, zuverlässig und finanzkräftig dieser sein mag. Vielmehr kann er den Mieter auf die Einhaltung der gesetzlichen Frist verweisen.

# Die Nachmieterklausel

Etwas anderes gilt lediglich dann, wenn Ihr Mietvertrag eine Klausel enthält, wonach Ihnen die Stellung eines Nachmieters erlaubt ist (sog. Nachmieterklausel). Wenn Ihnen bereits im Mietvertrag das Recht eingeräumt ist, einen Ersatzmieter zu stellen, falls eine vorzeitige Beendigung des Mietverhältnisses ansteht, so reicht die Präsentation einer geeigneten Person aus, die bereit ist, in dem bestehenden Mietvertrag einzutreten. Haben Sie dem Vermieter in einem derartigen Fall einen Nachmieter, der mit den Konditionen des Mietvertrages einverstanden ist, vorgestellt, so können Sie zum vereinbarten Termin ausziehen, da Sie Ihre vertragliche Verpflichtung erfüllt haben. Der Vermieter kann von Ihnen also nicht verlangen, daß Sie weiterhin den Mietzins zahlen.

Enthält Ihr Mietvertrag keine derartige Nachmieterklausel und haben Sie einen längerfristigen Mietvertrag, so kann der Vermieter trotz allem verpflichtet sein, sie vorzeitig aus dem Mietvertrag zu entlassen, nämlich dann, wenn ein wichtiger Grund an der vorzeitigen Auflösung des Mietverhältnisses besteht. Als derartiger, erheblicher Grund wird beispielsweise anerkannt:

● Die berufsbedingte Versetzung an einen anderen Ort (vgl. LG Bielefeld WuM 1993, Seite 118).

● Wenn die bisherige Wohnung wegen Heirat oder Vergrößerung der Familie durch Kinder zu klein oder wegen Tod eines Mitbewohners zu groß geworden ist (vgl. OLG Karlsruhe WuM 1981, Seite 173).

● Infolge von Pflegebedürftigkeit des Mieters der Umzug in einem Heim notwendig wird.

Derartige wichtige Gründe dürften jedoch eine seltene Ausnahme sein. Liegt dennoch ein zu beachtender Grund vor, so muß der Vermieter seinen Mieter aus dem Mietverhältnis entlassen und den Mietvertrag mit einem vom Mieter präsentierten und geeigneten Nachmieter fortsetzen.

# Kündigungsmöglichkeiten in den neuen Bundesländern

**5**

# Gesetzliche Regelung

In den neuen Bundesländern gilt seit dem Beitritt am 3. Oktober 1990 das BGB, allerdings nur für die sog. Neuverträge, d. h. Mietverträge, die ab dem 3. Oktober 1990 geschlossen wurden. Für die zu dieser Zeit bestandenen Verträge (sog. Altverträge) gilt aus Gründen des Mieterschutzes das BGB nicht uneingeschränkt. Daher soll im folgenden auf die Altverträge eingegangen werden. Vorab ist jedoch zu bemerken, daß drei Punkte dem Einigungsvertrag zu entnehmen sind, die sich ganz wesentlich auf den Kündigungsschutz der Mieter auswirken:

● Auf berechtigte Interessen im Sinne des § 564 b Absatz 2 Nr. 2 BGB (Eigenbedarf) darf sich jeder Vermieter erstmals nach dem 31. Dezember 1995 berufen, wenn er nicht ganz besondere Härtegründe für sich in Anspruch nehmen kann (Art. 232 § 2 Absatz 3 Satz 1 und 2 EGBGB).

● Kein Vermieter kann sich jemals auf die Kündigung wegen Hinderung der angemessenen wirtschaftlichen Verwertung berufen, da dies auf Dauer ausgeschlossen ist (Art 232 § 2 Absatz 2 EGBGB).

● Das sog. Teilkündigungsrecht des Vermieters in bezug auf Wohnungen in Zwei- und Dreifamilienhäusern im Sinne des § 564 b Absatz 4 Satz 1 BGB wird bis zum 31. Dezember 1995 auf Sachverhalte beschränkt, die dem Vermieter für die Fortsetzung des Mietverhältnisses absolut unzumutbar sind (Art. 232 § 2 Absatz 3 Satz 3 EGBGB).

# Altverträge

Um den Mißbrauch des Kündigungsrechts durch den Vermieter bei Altverträgen vorzubeugen, ist die Möglichkeit der ordentlichen Kündigung eingeschränkt. Die Kündigung durch den Vermieter wegen der Hinderung an einer angemessenen wirtschaftlichen Verwertung des Grundstücks und dadurch erlittene Nachteile (§ 564 b Absatz 2 Nr. 3 BGB) ist nicht zulässig. Eine Kündigung aus diesem Grund kann in den neuen Bundesländern daher nur für Verträge in Betracht kommen, die nach dem 2. Oktober 1990 geschlossen wurden. Für Kündigungen für Einliegerwohnungen (§ 564 b Absatz 4 BGB) besteht eine Einschränkung dahingehend, daß bei Altverträgen die Möglichkeit der Kündigung erstmals ab dem 1. Januar 1996 möglich ist, es sei denn, daß der Vermieter die Fortsetzung des Mietvertrages wegen seines Wohn- und Instandsetzungsbedarfs und sonstiger Interessen nicht zugemutet werden kann. Entscheidend für das Vorliegen dieser Ausnahme ist jedoch die Betrachtung des jeweiligen Einzelfalles.

Das Interesse des Vermieters, die Wohnung für sich selbst oder für Angehörige zur Verfügung zu stellen oder der Wunsch der grundlegenden Instandsetzung der Wohnung, genügt. Dies muß der Vermieter allerdings auch in seinem Kündigungsschreiben angeben.

Es gilt die bereits oben erwähnte Einschränkung für die Kündigung des Vermieters wegen Eigenbedarfs. Eine derartige Kündigung gemäß § 564 Absatz 2 Nr. 2 BGB ist nach dem 4. Mietrechtsänderungsgesetz erst nach dem 31. Dezember 1995, also erst ab dem 1. Januar 1996 zulässig. Vorher ist die Kündigung aus diesem Grund nicht möglich. Aber auch dann muß noch die normal geltende Kündigungsfrist (siehe oben) zugerechnet werden.

# Ausnahmen

Aber auch für diese Einschränkung gibt es auch wieder Ausnahmen:

Solche Kündigungen können bereits vor dem 31. Dezember 1995 zugelassen sein, wenn diese Frist für den Vermieter eine nicht zu rechtfertigende **Härte** bedeuten würde. Das ist insbesondere dann der Fall, wenn der Vermieter einen erheblich dringenderen Wohnbedarf als der Mieter hat. Diese Entscheidung kann nur im Einzelfalle durch den Vergleich der konkreten Umstände von Mieter und Vermieter getroffen werden. Für den Wohnbedarf dritter Personen kann der Vermieter in den neuen Bundesländern den Eigenbedarf nicht geltend machen. Eigenbedarf liegt auch dann nicht vor, wenn die Interessen von Mieter und Vermieter das gleiche Gewicht haben.

Unabhängig von dem eben Gesagten ist aber zu berücksichtigen, daß auch bei Altverträgen der Mieter das Recht hat, sich auf die Sozialklausel zu berufen oder aber der Anspruch auf Fortsetzung des Mietvertrages geltend gemacht werden kann. Wichtig ist in diesem Zusammenhang auch, daß in den neuen Bundesländern die Berufung auf die Sozialklausel oder die Verlängerungsmöglichkeit abweichend von den alten Bundesländern auch für den gewerblichen Bereich gilt. Wenn in den alten Bundesländern der Kündigungsschutz nur für Wohnraummietverhältnisse gilt, so wurde aus Mieterschutzgründen dieser Schutz auch auf Mietverhältnisse von Gewerberaum und gewerblich genutzten Grundstücken in den neuen Bundesländern ausgedehnt.

# Musterschreiben

**6**

# Ordentliche Kündigung
# des Mietverhältnisses

Hans Müller                                    Bad Abbach,
Am Markt 7                              28. September 1995
93077 Bad Abbach

**Einschreiben/Rückschein**
An Herrn
Josef Schmidt
Heinrich-Heine-Straße 5

93077 Bad Abbach

**Kündigung des Mietverhältnisses der Wohnung
Heinrich-Heine-Straße 5
wegen Eigenbedarf**

Sehr geehrter Herr Schmidt,

unter Einhaltung der gesetzlichen Kündi-
gungsfrist von drei Monaten spreche ich
Ihnen gegenüber hiermit die Kündigung des
Vertragsverhältnisses hinsichtlich der von
Ihnen angemieteten Wohnung „Heinrich-Hei-
ne-Straße, 2. Stock, links" aus.

Sie haben die Räumlichkeiten im vertragsgemäßen Zustand zum 31. Dezember 1995 zu
übergeben.

**Begründung:**

Die Kündigung erfolgt wegen Eigenbedarf.
Dies ist ein dem Vermieter zustehender gesetzlicher Kündigungsgrund im Sinnes des
§ 564 b Absatz 2 Nr. 2 Satz 1 BGB. Die derzeit von Ihnen bewohnte Wohnung, Heinrich-
Heine-Straße 5, 2. Stock, links, benötige
ich ab dem 31. Dezember 1995 für mich
selbst. Die momentan von mir bewohnten
Räumlichkeiten unter der oben angegebenen
Adresse kann ich aus Alters- und Gesund-
heitsgründen nicht mehr länger selbst be-
wirtschaften, da sie für eine einzelne Person, noch dazu in meinem Alter zu groß ist.
Das Gebäude wird deshalb demnächst verkauft.

Eine Alternativwohnung zur Kündigung steht
mir nicht zur Verfügung. Ich sehe mich daher leider gezwungen, das Mietvertragsverhältnis mit Ihnen aufzulösen.

Da das Mietvertragsverhältnis noch nicht
länger als fünf Jahre angedauert hat, be-
trägt die gesetzliche Kündigungsfrist drei
Monate.

**Widerspruchbefugnis:**

Sie haben das Recht, dieser Kündigung zu
widersprechen und die Fortsetzung des Mietverhältnisses zu verlangen, wenn die vertragsgemäße Beendigung des Mietverhältnisses für Sie eine besondere Härte darstellt,

die auch unter Würdigung meines – oben dargestellten – berechtigten Interesses nicht zu rechtfertigen ist.

Dieser Widerspruch bedarf nach § 565 a Absatz 5 Satz 1 BGB der schriftlichen Form. Der Widerspruch muß spätestens zwei Monate vor der Beendigung des Mietverhältnisses von Ihnen erklärt werden (§ 556 a Absatz 6 Satz 1 BGB). Ein späterer Widerspruch hat keine Wirkung mehr.

Ich verlange schon jetzt die Angabe der Gründe eines etwaigen Widerspruchs (§ 556 a Absatz 5 Satz 2 BGB). Ein unbegründeter Widerspruch wird zurückgewiesen. Für den Fall eines ordnungsgemäßen Widerspruchs wird von mir auf gerichtlichen Wege die Klärung der Stichhaltigkeit der angegebenen Widerspruchsgründe herbeigeführt.

Einer stillschweigenden Verlängerung des Mietverhältnisses im Sinne des § 568 BGB über den 31. Dezember 1995 hinaus, wird bereits hiermit widersprochen. Sollten Sie die Räumlichkeiten ohne Kündigungswiderspruch über den 31. Dezember 1995 hinaus vorenthalten, mache ich Sie bereits hiermit darauf aufmerksam, daß ich umgehend Räumungsklage beim zuständigen Amtsgericht erhebe.

Sie sind in diesem Fall nicht von der Entrichtung eines Nutzungsentgelts befreit. Dieses richtet sich dann nicht mehr nach den vertraglich vereinbarten Mietzins, sondern nach dem ortsüblicherweise zu entrichtenden Betrag für eine Mietwohnung mit vergleichbarer Lage, Ausstattung und Beschaffenheit. Dieser kann durchaus höher sein, als die Ihrerseits zuletzt gezahlte Miete.

Mit freundlichen Grüßen

Hans Müller

**Praxis-Tip:**

Wird die Kündigung durch einen Vertreter – etwa Hausverwalter – erklärt, so hat dieser unbedingt die diesbezügliche Vollmachtsurkunde im Original beizulegen. Fehlt eine derartige Vollmacht, so können Sie als Mieter die erklärte Kündigung wegen mangelnder Vertretungsberechtigung zurückweisen (§ 174 Satz 1 BGB). Die erklärte Kündigung entfaltet dann keine rechtliche Wirkung. Diese Zurückweisung hat „unverzüglich" zu erfolgen, was so viel heißt, wie „ohne schuldhaftes Zögern". Es wird Ihnen also nur eine sehr kurze Bedenkzeit in bezug auf die erklärte Kündigung zugestanden.

# Fristlose Kündigung

Hans Müller                          Bad Abbach,
Am Markt 7                        16. Juli 1995
93077 Bad Abbach

**Einschreiben/Rückschein**
An Herrn
Josef Schmidt
Heinrich-Heine-Straße 5

93077 Bad Abbach

**Fristlose Kündigung des Mietverhältnisses
wegen Zahlungsverzuges**

Sehr geehrter Herr Schmidt,

hiermit spreche ich Ihnen gegenüber wegen
erheblicher Mietzinsrückstände die fristlose Kündigung des Vertragsverhältnisses
hinsichtlich der von Ihnen angemieteten
Wohnung „Heinrich-Heine-Straße 5, 2. Stock,
links", aus.

Sie haben in den Monaten Juni und Juli 1995
den vereinbarten Kaltmietzins in Höhe von
DM 800 nicht erbracht. Auch die Neben- und
Betriebskostenvorauszahlung in Höhe von
DM 230 monatlich wurden nicht geleistet.

Es ergibt sich daher derzeit ein Mietrückstand von DM 2.060.

Ich fordere Sie daher auf, die Wohnung bis
spätestens 31. Juli 1995 zur räumen und

den vertragsgemäßen Zustand sowie mit sämtlichen Schlüsseln an mich zu übergeben. Eventuelle Schönheitsreparaturen sind bis zu diesem Zeitpunkt vorzunehmen.

Diese fristlose Kündigung befreit Sie selbstverständlich nicht von der Verpflichtung, den oben angegebenen Mietrückstand umgehend zu begleichen.

Einer stillschweigenden Verlängerung des Mietverhältnisses im Sinne des § 568 BGB über den 31. Juli 1995 hinaus wird bereits hiermit widersprochen.

Sollten Sie die Räumlichkeiteten dennoch über den 31. Juli 1995 hinaus vorenthalten, mache ich Sie hiermit darauf aufmerksam, daß ich umgehend Räumungsklage beim zuständigen Amtsgericht erhebe.


Mit freundlichen Grüßen

Hans Müller

# Aufhebungsvertrag

Hans Müller
Am Markt 7
93077 Bad Abbach
**– Vermieter –**

und

Josef Schmidt
Heinrich-Heine-Straße 5
93077 Bad Abbach
**– Mieter –**

schließen am 21. August 1995 in beiderseitigem Einvernehmen folgenden

## Aufhebungsvertrag

1. Der Mietvertrag zwischen den oben genannten Parteien, bezogen auf die Wohnung:

   Heinrich-Heine-Straße 5, 2. Stock, links

   bestehend aus:
   3 Zimmern
   1 Bad mit WC
   1 Flur
   1 Abstellkammer
   1 Balkon

   wird übereinstimmend mit unwiderruflicher Wirkung zum

   31. März 1996

   aufgehoben.

## 2. Pflichten des Vermieters:

**2.1.** Der Vermieter verzichtet auf sein Recht, aus der am 16. Juli 1995 gegenüber dem Mieter ausgesprochenen außerordentlichen Kündigung gerichtlich vorzugehen.

**2.2.** Der Vermieter räumt den Mieter das Recht ein, daß dieser die Räumlichkeiten unter Befreiung der Vornahme von Schönheitsreparaturen verlassen kann. Vorsätzlich oder leichtfertig herbeigeführte Beschädigungen der Mietsache durch den Mieter werden hiervon nicht erfaßt.

**2.3.** Der Mietzins wird auf DM 800 festgesetzt und ist vom 1. September 1995 jeweils zu entrichten. Die Zahlung hat jeweils bis spätestens zum dritten Werktags des Monats zu erfolgen. Für den rechtzeitigen Eingang der Mietzinszahlung hat der Mieter Sorge zu tragen.

Der Mietzins bezieht sich ausschließlich auf die Kaltmiete. Betriebs- und Nebenkosten werden gesondert in Rechnung gestellt. Für die Abrechenbarkeit gilt die Anlage 3 zu § 27 Absatz 2 Betriebskostenverordnung in ihrer gültigen Fassung. Der genannte Mietzins gilt als festgesetzt bis zum 31.März 1996.

**2.4.** Während der vertraglich vereinbarten Zeit (siehe oben Ziffer 1) begibt sich der Vermieter des Rechtes zur ordentlichen Kündigung des Mietverhältnisses. Das Recht zur außerordentlichen Kündigung bleibt hiervon unberührt. Es gelten insoweit die gesetzlichen Bestimmungen.

**2.5.** Über die Abrechnung der Betriebskosten rechnet der Vermieter binnen eines Zeitraumes von vier Monaten ab Tag der Räumung der Mieträume mit den Mieter oder einer von diesen beauftragten Person ab.

**2.6.** Der Vermieter rechnet bis 30. August 1995 über die vom Mieter erbrachte Sicherheitsleistung in Höhe von DM 2.000 ab. Der nicht verwertete (Rest-)Betrag wird innerhalb von zwei Wochen nach dem Stichtag der Abrechnung auf ein vom Mieter benanntes Konto überwiesen.

**3. Pflichten des Mieters:**

**3.1.** Der Mieter verpflichtet sich, daß er die gemieteten Räumlichkeiten zu dem vereinbarten Termin (Ziffer 1) vollständig räumt.

**3.2.** Folgende Einrichtungen, mit denen der Mieter die Mietsache versehen hat, verbleiben in den Mieträumen: Einbauküche, Kachelofen ...

Der Vermieter zahlt den Mieter bei Auszug (Zug um Zug gegen Räumung der Mieträume) als Gegenleistung für die Einrichtungen den Betrag von DM 9.500 in Worten: neuntausendfünfhundert Deutsche Mark.

4. Die Parteien kommen darüber überein, daß die Übergabe der Wohnung Zug um Zug gegen Zahlung eines Umzugskostenzuschusses in Höhe von DM 3.000 seitens des Vermieters erfolgt.

5. Jede Partei hat die bis zum Abschluß dieses einvernehmlichen Aufhebungsvertrages entstandenen Aufwendungen selbst zu tragen.

6. Besondere Zusatzvereinbarungen:

_____
_____
_____

Bad Abbach, den 21. August 1995

_____          _____
(Unterschrift des Vermieters)         (Unterschrift des Mieters)

# Abmahnung wegen vertragswidrigen Verhaltens

Hans Müller                          Bad Abbach,
Am Markt 7                    28. September 1995
93077 Bad Abbach

**Einschreiben/Rückschein**
An Herrn
Josef Schmidt
Heinrich-Heine-Straße 5

93077 Bad Abbach

**Abmahnung wegen vertragswidrigen
Verhaltens**

Sehr geehrter Herr Schmidt,

als Mieter der Wohnung Heinrich-Heine-Straße 5 in 93077 Bad Abbach haben Sie sich in letzter Zeit vertragswidrig verhalten. Es erfolgt eine diesbezügliche Abmahnung aus folgenden Gründen:

1.  Ohne Zustimmung halten Sie sich seit zwei Monaten unerlaubt einen Hund.

2.  ...

Ich fordere Sie hiermit unmißverständlich auf, das vertragswidrige Verhalten unverzüglich zu unterlassen.

122

In Ihrem Mietvertrag ist die Hundehaltung ausdrücklich verboten. Daher haben Sie das Tier unverzüglich zu entfernen.

Sollten Sie die gerügte Verhaltensweise trotz dieser Abmahnung fortsetzen, würde ich mich zur Erhebung einer Unterlassungsklage bzw. zur Kündigung des Mietvertrages – eventuell fristlos – veranlaßt sehen.


Mit freundlichen Grüßen

Hans Müller

# Kündigungswiderspruch des Mieters

Josef Schmidt                          Bad Abbach,
Heinrich-Heine-Straße 5      1. Oktober 1995
93077 Bad Abbach


**Einschreiben/Rückschein**
An Herrn
Hans Müller
Am Markt 7

93077 Bad Abbach


**Kündigungswiderspruch**


Sehr geehrter Herr Müller,

Sie haben das zwischen uns bestehende
Wohnraummietverhältnis mit Schreiben vom
28. September 1995 zum 31. Dezember 1995
gekündigt. Ich erkläre heute, mehr als
zwei Monate vor Ablauf der Kündigungsfrist, daß ich der Kündigung widerspreche
und die Fortsetzung des Mietvertrages auf
unbestimmte Zeit verlange. Der Grund zu
meinem Kündigungswiderspruch ist der folgende:

Meine Frau ist im achten Monat schwanger
und wird voraussichtlich Mitte November
1995 enbinden. Daher würde die vertragsgemäße Beendigung des Mietverhältnisses zum

31. Dezember 1995 für uns eine besondere Härte darstellen, die auch unter Würdigung ihrer berechtigten Interessen nicht zu rechtfertigen ist.

Im übrigen bestreite ich das Vorliegen des in Ihrem Kündigungsschreiben aufgeführten Kündigungsgrundes, nämlich den geltend gemachten Eigenbedarf.


Mit freundlichen Grüßen

Josef Schmidt

# Außergerichtliches Räumungsfristgesuch

Josef Schmidt                        Bad Abbach,
Heinrich-Heine-Straße 5   28. Dezember 1995
93077 Bad Abbach


An Herrn
Hans Müller
Am Markt 7

93077 Bad Abbach


**Räumungsfristgesuch**


Sehr geehrter Herr Müller,

wie Ihnen bekannt ist, endet unser Wohnraummietverhältnis mit dem Ablauf des
31.Dezember 1995.

Ich bitte Sie, mir eine Räumungsfrist bis
zum 30. Februar 1996 zu bewilligen. Ich
brauche die Räumungsfrist aus folgendem
Grund:

Trotz vielfacher Zeitungsanzeigen und der
Einschaltung von Wohnungsmaklern ist es
mir bis jetzt nicht gelungen, eine Ersatzwohnung zu finden. Daher bin ich auf die
jetzige Wohnung noch dringend angewiesen.
Bitte teilen Sie mir mit, ob Sie mit dieser Regelung einverstanden sind. Ergänzend
möchte ich Sie darauf hinweisen, daß im
Falle einer Räumungsklage ich den Anspruch

dem Grunde nach anerkennen werde, jedoch
auch dort um die Gewährung einer Räumungsfrist bitten muß.


Mit freundlichen Grüßen

Josef Schmidt

# Kontaktadressen

**7**

**Hier finden Sie wichtige Interessenvertretungen:**

# Haus- und Grundbesitzervereine

Zentralverband der Deutschen Haus-, Wohnungs-
und Grundeigentümer e.V.
Postfach 32 12 20
**40427 Düsseldorf**
Cecilienallee 45
**40474 Düsseldorf**
**Telefon:** 02 11/47 81 70

**Landesverbandsstellen**

Landesverband Badischer Haus-, Wohnungs-
und Grundeigentümer e.V.
Schwarzwaldstr. 25
**76137 Karlsruhe**
**Telefon:** 07 21/3 15 00
**Telefax:** 07 21/3 15 97

Landesverband Bayerischer Haus- und Grundbesitzer e.V.
Sonnenstraße 13
**80331 München**
**Telefon:** 0 89/5 51 41-0
**Telefax:** 0 89/5 51 41-3 66

Bund der Berliner Haus- und Grundbesitzervereine e.V.
Potsdamer Straße 143
**10783 Berlin**
**Telefon:** 0 30/2 16 34 36
**Telefax:** 0 30/2 16 98 23

Landesverband Bremischer Haus- und Grundbesitzer e.V.
Am Dobben 3
**28203 Bremen**
**Telefon:** 04 21/3 68 04-0
**Telefax:** 04 21/3 68 04-88

Grundeigentümer-Verband Hamburg von 1832 e.V.
Paulstraße 10
**20095 Hamburg**
**Telefon:** 0 40/32 13 91
**Telefax:** 0 40/32 13 97

Landesverband Mecklenburg-Vorpommern der Haus-,
Wohnungs- und Grundeigentümer e.V.
Grabenstraße 14
**18273 Güstrow**
**Telefon:** 0 38 43/68 61 52

Landesverband Niedersächsischer Haus-, Wohnungs-
und Grundeigentümer e.V.
Theaterstraße 2
**30159 Hannover**
**Telefon:** 05 11/3 18 07 55
**Telefax:** 05 11 /32 45 38

Verband der Haus-, Wohnungs- und Grundeigentümer
in Nordrhein und Westfalen e.V.
Elisabethstraße 4
**44139 Dortmund**
**Telefon:** 02 31/95 83-0
**Telefax:** 02 31/52 37 54

Landesverband der Oldenburgischen Haus-
und Grundeigentümer-Vereine e.V.
Wallstraße 19
**26122 Oldenburg**
**Telefon:** 04 41/1 41 16

Verband der Haus-, Wohnungs- und Grundeigentümer
Ostwestfalen und Lippe e.V.
Alter Markt 11
**33602 Bielefeld**
**Telefon:** 05 21/9 64 30-0
**Telefax:** 05 21/9 64 30-23

Landesverband der Haus-, Wohnungs- und
Grundeigentümer von Rheinland-Pfalz e.V.
Lütticher Straße 1 - 3
**50674 Köln**
**Telefon:** 02 21/25 30 22
**Telefax:** 02 21/25 29 67

Haus-, Wohnungs- und Grundeigentümerverband Ruhr e.V.
Huyssenallee 50
**45128 Essen**
**Telefon:** 02 01/23 47 05
**Telefax:** 02 01/23 58 55

Verband der Haus-, Wohnungs- und
Grundeigentümer des Saarlandes e.V.
Bismarckstraße 52
**66121 Saarbrücken**
**Telefon:** 06 81/6 71 11
**Telefax:** 06 81/6 80 35

Landesverband der Haus-, Wohnungs- und
Grundeigentümervereine in Sachsen-Anhalt e.V.
Halberstätter Str. 122
**39112 Magdeburg**
**Telefon:** 03 91/60 40 40

Landesverband Sächsischer Haus-, Wohnungs- und
Grundeigentümer-Vereine e.V.
Rähnitzgasse 27
**01097 Dresden**
**Telefon:** 03 51/5 96 02 04
**Telefax:** 03 51/5 96 02 02

Verband Schleswig-Holsteinischer Haus-,
Wohnungs- und Grundeigentümer e.V.
Sophienblatt 3
**24103 Kiel**
**Telefon:** 04 31/6 63 61 10
**Telefax:** 04 31/6 63 90

Verband der Haus-, Wohnungs-
und Grundeigentümer Thüringen e.V.
Rohlfsstraße 8a
**99423 Weimar**
**Telefon:** 0 36 43/5 35 15

Landesverband Westfälischer Haus-, Wohnungs-
und Grundeigentümer e.V.
Dahlenkampstraße 5
**58095 Hagen**
**Telefon:** 0 23 31/2 90 96

Landesverband Württembergischer Haus-,
Wohnungs- und Grundeigentümer e.V.
Werastraße 1
**70182 Stuttgart**
**Telefon:** 07 11/2 10 48 29
**Telefax:** 07 11/2 10 48 56

Verband der Hausverwalter e.V.
Karlstr. 53
**80333 München**
**Telefon:** 0 89/55 39 16

Deutsche und Schweizerische Schutzgemeinschaft
für Auslandsgrundbesitz e.V.
Carl-Beus-Str. 17a
**79761 Waldshut-Tiengen**
**Telefon:** 0 77 41/21 31
**Telefax:** 0 77 41/16 62

**Zusätzlich einzelne Städte**

Haus- und Grundbesitzerverein Augsburg e.V.
Bahnhofstraße 12 1/2
**86150 Augsburg**
**Telefon:** 08 21/51 85 56
**Telefax:** 08 21/15 84 33

Haus- und Grundbesitzerverein Bonn e.V.
Geschäftsstelle 1
Kölnstraße 96
**53111 Bonn**
**Telefon:** 02 28/69 51 97

Haus- und Grundbesitzerverein Frankfurt am Main e.V.
Niedenau 61 – 63
**60325 Frankfurt am Main**
**Telefon:** 0 69/72 94 58
**Telefax:** 0 69/17 26 35

Haus- und Grundbesitzerverein Freiburg e.V.
Erbprinzenstraße 7
**79098 Freiburg**
**Telefon:** 07 61/38 05 60

Haus- und Grundbesitzerverein Göppingen e.V.
Ulrichstraße 38
**73033 Göppingen**
**Telefon:** 0 71 61/2 17 73

Haus-, Wohnungs- und Grundeigentümerverein Göttingen e.V.
Groner Tor Straße 1
**37073 Göttingen**
**Telefon:** 05 51/5 21 01-2

Haus-, Wohnungs- und Grundeigentümerverein
Hamm und Umgebung e.V.
Ritterstraße 2
**59065 Hamm**
**Telefon:** 0 23 81/2 00 90

Haus- und Grundbesitzerverein Heidelberg e.V.
Albert-Mays-Str. 11
**69115 Heidelberg**
**Telefon:** 0 62 21/16 60 21

Haus- und Grundbesitzerverein Karlsruhe e.V.
Lessingstraße 10
**76135 Karlsruhe**
**Telefon:** 07 21/98 46 90

Haus- und Grundbesitzerverein Köln e.V.
Maastrichter Straße 17
**50672 Köln**
**Telefon:** 02 21/51 60 15
**Telefax:** 02 21/52 57 14

Haus- und Grundbesitzerverein Ludwigsburg e.V.
Hospitalstraße 9
**71636 Ludwigsburg**
**Telefon:** 0 71 41/92 58 99

Haus- und Grundbesitzerverein Nürnberg e.V.
Färberplatz 12
**90402 Nürnberg**
**Telefon:** 09 11/20 37 71

Haus- und Grundbesitzerverein Passau e.V.
Theresienstraße 5
**94032 Passau**
**Telefon:** 08 51/3 63 70

Haus- und Grundbesitzerverein Pforzheim e.V.
Bahnhofstraße 6
**75172 Pforzheim**
**Telefon:** 0 72 31/3 18 83

Haus- und Grundbesitzerverein Regensburg e.V.
Bahnhofstraße 17
**93047 Regensburg**
**Telefon:** 09 41/5 20 41

Haus- und Grundbesitzerverein Stuttgart e.V.
Gerolstraße 1a
**70182** Stuttgart
**Telefon:** 07 11/21 04 80
**Telefax:** 07 11 /5 74 91

Haus- und Grundbesitzerverein Würzburg e.V.
Bibrastraße 5
**97070 Würzburg**
**Telefon:** 09 31/5 00 63
**Telefax:** 09 31/17 20 12

# Mietervereine

Deutscher Mieterbund e.V.
Aachener Straße 313
**50931 Köln**
**Telefon:** 02 21/94 07 70

Mieterverein Augsburg e.V.
Hallstraße 12
**86150 Augsburg**
**Telefon:** 08 21/15 10 55

Mieterverein Ravensburg e.V.
Turnerstraße 31
**33602 Bielefeld**
**Telefon:** 05 21/6 67 22

Berliner Mieterverein e.V.
Landesverband Berlin im Deutschen Mieterbund
Hauptgeschäftsstelle
Otto-Grotewohl-Straße 12b
**10117 Berlin**
**Telefon:** 0 30/23 19 99-66
**Telefax:** 0 30/32 19 99-61

Mieterverein Bonn e.V.
Kaiserstraße 22
**53113 Bonn**
**Telefon:** 02 28/22 20 35
**Telefax:** 02 28/21 98 48

Mieterverein Braunschweig e.V.
Jasperallee 35b
**38102 Braunschweig**
**Telefon:** 05 31/33 60 27
**Telefax:** 05 31/33 60 45

Mieterverein Bremen e.V.
An der Weide 23
**28195 Bremen**
**Telefon:** 04 21/32 02 09

Verein Deutscher Mieter und Pächter
Prinzenstraße 7 (am Rathaus)
**44135 Dortmund**
**Telefon:** 02 31/52 85 28(29)
**Telefax:** 02 31/52 81 06

Mieterverein Dresden e.V.
Ritzenbergstraße 3
**01067 Dresden**
**Telefon:** 03 51/4 96 13 36

Mieterschutz e.V.
Schadowstraße 44
**40212 Düsseldorf**
**Telefon:** 02 11 /9 35 89-0

Mieterverein Erfurt e.V.
Bebelstraße 18
**99086 Erfurt**
**Telefon:** 03 61/59 80 50

Mieterschutzverein Groß-Essen e.V.
Kettwiger Straße 36
**45127 Essen**
**Telefon:** 02 01/23 16 80

Mieterschutzverein Frankfurt am Main e.V.
Eckenheimer Landstraße 339
**60320 Frankfurt am Main**
**Telefon:** 0 69/5 60 10 57

Deutscher Mieterbund Freiburg e.V.
Wallstraße 11
**79098 Freiburg**
**Telefon:** 07 61/3 59 87

Mieterverein Göppingen e.V.
Jahnstraße 123
**73037 Göppingen**
**Telefon:** 0 71 61/7 42 03

Mieterverein Göttingen e.V.
Barfüßerstraße 10
**37073 Göttingen**
**Telefon:** 05 51/5 79 52

Mieterverein Hagen e.V.
Frankfurter Straße 74
**58095 Hagen**
**Telefon:** 0 23 31/1 60 47

Mieterverein Hamburg e.V.
Bartelsstraße 30
**20357 Hamburg**
**Telefon:** 0 40/4 31 39 40

Mieterverein zu Hamburg von 1890
Glockengießerwall 2
**20095 Hamburg**
**Telefon:** 0 40/32 25 41

Mieterverein Hamm und Umgebung e.V.
Bahnhofstraße 3
**59065 Hamm**
**Telefon:** 0 23 81/41 77 23

Mieterverein Hannover und Umgebung e.V.
Herrenstraße 14
**30159 Hannover**
**Telefon:** 05 11/1 21 06-0
**Telefax:** 05 11/1 21 06-16

Mieterverein Heidelberg e.V.
Friedrich-Ebert-Anlage 18
**69117 Heidelberg**
**Telefon:** 0 62 21/2 04 73

Mieterverein Karlsruhe e.V.
Ritterstraße 24
**76137 Karlsruhe**
**Telefon:** 07 21/37 50 91
**Telefax:** 07 21/37 50 92

Landesverband Schleswig-Holstein
Mieterverein e.V.
Eggerstedtstraße 1
**24103 Kiel**
**Telefon:** 04 31/9 12 21

Mieterverein Köln e.V.
Mühlenbach 49
**50676 Köln**
**Telefon:** 02 21/23 33 73

Mieterverein Ludwigsburg e.V.
Alsperger Str. 43
**71634 Ludwigsburg**
**Telefon:** 0 71 41/92 80 71

Mieterverein München e.V.
Sonnenstraße 10
**80331 München**
**Telefon:** 0 89/5 52 14 30

Deutscher Mieterbund Nürnberg e.V.
Schlehengasse 10
**90402 Nürnberg**
**Telefon:** 09 11/2 20 29

Mieterverein Oldenburg und Umgebung e.V.
Bismarckstraße 15
**26122 Oldenburg**
**Telefon:** 04 41/7 78 01 85

Mieterverein Passau e.V.
Ludwigstraße 10
**94032 Passau**
**Telefon:** 08 51/21 20

Mieterverein Pforzheim und Umgebung e.V.
Emma-Jaeger-Straße 20
**75175 Pforzheim**
**Telefon:** 0 72 31/31 35 11
**Telefax:** 0 72 31/35 79 53

Mieterverein Regensburg e.V.
Obermünsterstraße 9a
**93047 Regensburg**
**Telefon:** 09 41/5 72 62

Mieterverein Saarbrücken e.V.
Karl-Marx-Straße 1
**66111 Saarbrücken**
**Telefon:** 06 81/3 21 47

Mieterverein Stuttgart e.V.
Moserstraße 5
**70182 Stuttgart**
**Telefon:** 07 11/24 81 36

Mieterverein Würzburg und Umgebung e.V.
Sanderstraße 1
**97070 Würzburg**
**Telefon:** 09 31/5 40 22

# Zeitschriften

Nachfolgende Zeitschriften sind über den Buchhandel erhältlich.

**MDR**
Monatsschrift für Deutsches Recht
Verlag Dr. Otto Schmidt KG
Postfach 51 10 26
**50946 Köln**
**Telefon:** 02 21/93 73 85 01
**Telefax:** 02 21/93 73 89 51

**ZMR**
Zeitschrift für Miet- und Raumrecht
Werner-Verlag GmbH
Karl-Rudolf-Straße 172
Postfach 10 53 54
**40044 Düsseldorf**
**Telefon:** 02 11/38 79 80
**Telefax:** 02 11/38 31 04

**NJW** und **NJW-RR**
Neue Juristische Wochenschrift
C.H. Beck'sche Verlagsbuchhandlung
Wilhelmstraße 9
Postfach 40 03 40
**80801 München**
**Telefon:** 0 89/38 18 90
**Telefax:** 0 89/38 18 93 98

Haus- und Grundbesitz *Mitteilungen*
Verlag für Haus- und Grundbesitzer GmbH
Sonnenstraße 13
**80331 München**
**Telefon:** 0 89/55 14 15 51

**WuM**
Wohnungswirtschaft und Mietrecht
Verlagsgesellschaft des Deutschen Mieterbundes mbH
Aachener Straße 313
Postfach 41 02 69
**50931 Köln**
**Telefon:** 02 21/40 08 30
**Telefax:** 02 21/4 00 83 22